走遍世界很简单

ZOUBIAN SHIJIE HENJIANDAN

澳大利亚大探秘

AODALIYA DATANMI

知识达人 编著

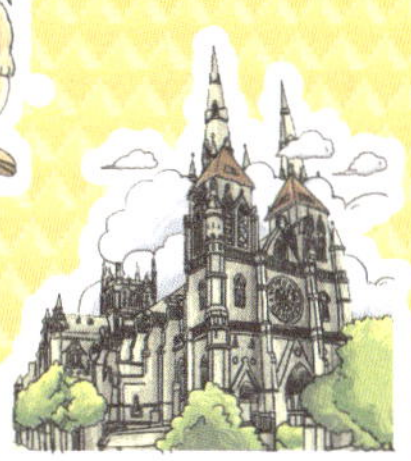

成都地图出版社

图书在版编目（CIP）数据

澳大利亚大探秘 / 知识达人编著 . — 成都：成都地图出版社，2017.1（2021.10 重印）

（走遍世界很简单）

ISBN 978-7-5557-0299-3

Ⅰ . ①澳… Ⅱ . ①知… Ⅲ . ①澳大利亚—概况 Ⅳ . ① K961.1

中国版本图书馆 CIP 数据核字 (2016) 第 094331 号

走遍世界很简单——澳大利亚大探秘

责任编辑：魏玲玲
封面设计：纸上魔方

出版发行　成都地图出版社
地　　址　成都市龙泉驿区建设路 2 号
邮政编码　610100
电　　话　028－84884826（营销部）
传　　真　028－84884820
印　　刷　唐山富达印务有限公司
（如发现印装质量问题，影响阅读，请与印刷厂商联系调换）

开　　本	710mm×1000mm　1/16
印　　张	8 　　　　　　　字　数：160 千字
版　　次	2017 年 1 月第 1 版　印　次：2021 年 10 月第 4 次印刷
书　　号	ISBN 978-7-5557-0299-3
定　　价	38.00 元

版权所有，翻印必究

前 言

　　美丽的大千世界带给我们无限精彩的同时，也让我们产生很多疑问：世界上到底有多少个国家？美国到底在什么地方？为什么奥地利有那么多知名的音乐家？为什么丹麦被称为"童话之乡"？……相信这些问题经常会萦绕在小读者的脑海中。

　　为了解答这些问题，我们精心编写了这套《走遍世界很简单》系列丛书，里面蕴含了世界各国丰富的自然、地理、历史以及人文等社会科学知识，充满了趣味性和可读性，力求让小读者掌握最全面、最准确的知识。

　　本系列丛书人物对话生动有趣，文字浅显易懂，并配有精美的插图，是一套能开拓孩子视野、帮助孩子增长知识的丛书。现在，就让我们打开这套丛书，开始奇特的环球旅行吧！

路易斯大叔

美国人,是位不折不扣的旅行家、探险家和地理学家,足迹遍布全世界。

多多

10岁的美国男孩,聪明、活泼好动、古灵精怪,对一切事物都充满好奇。

米娜

10岁的中国女孩,爸爸是美国人,妈妈是中国人,从小生活在中国,文静可爱,梦想多多。

目 录

引 言 / 1

第1章 踏上南方的土地 / 7

第2章 动物的天堂 / 12

第3章 跑到北面的阳光 / 18

第4章 羊儿的牧场 / 23

第5章 跳跃的国宝——袋鼠 / 36

第6章 圣母玛利亚大教堂 / 45

第7章 悉尼歌剧院 / 52

第8章 黄金海岸 / 57

第9章 北领地帝王谷 / 63

目 录

第10章　到卡卡杜去 / 67

第11章　李治菲特公园 / 73

第12章　与鳄鱼共舞 / 78

第13章　最美的星空 / 86

第14章　大堡礁潜水 / 92

第15章　风儿吹就的波浪岩 / 102

第16章　神秘的蓝山森林 / 107

第17章　国徽中的另一种动物——鸸鹋 / 112

第18章　那些地方迟早会去的 / 118

引 言

　　距离上一段旅程已经过去两个月了，耐不住寂寞的多多整日望着窗外向南飞翔的鸟儿，不停地唉声叹气。没办法，因为冬天就要来临了，气温渐渐降低，路易斯大叔为了两个孩子的健康着想，决定多休息两三个月，等春天气温回升了再出发。这可闷坏了活泼好动的多多，只能翻着以前旅行时的照片寻找一些回忆。

　　这天上午，多多正在整理以前的照片，路易斯大叔突然来

找他。他知道是路易斯大叔来了，却赌气不想去开门。

路易斯大叔似乎知道他在想什么，只是轻轻敲了敲门，叫了他的名字。

"多多。"

"有什么事吗？"

路易斯大叔知道他在闹脾气，温和地解释："我知道你想出去。可是眼看就要入冬了，米娜又着凉了，我们不方便马上出发啊。"

多多有些怄气，仍旧不理路易斯大叔，却还是听着门外的动静。

"不过我这几天想了想，天气呀，虽然不是我们说了算，但也不是一点办法也没有。其实呀，有些地方现在是春天，我们还是可以去的。"

多多听到这里，不由一愣，竖起耳朵听得更仔细了。

"唉，春天呀，你想想，万物复苏，冰雪消融，阳光怡人，百花盛开，多美啊！既然你不想去，那就别勉强了，等米娜病好了，我们两个去，你在这儿看着皑皑冬雪，也是很享受的，对吧？"

"谁说我不去了！"多多立即打开门，看着路易斯大叔，兴奋的表情藏也藏不住，"我一定要和你们一起去！"

路易斯大叔就等他说这句话了，也不点破，笑道："那我们就一起出发吧！"

这天上午，三个人凑在一张小桌子旁，对着地图商量着该去哪里。

"路易斯大叔，你说去有春天的地方，可是现在不都是秋天吗？哪有春天啊？"多多的脑袋几乎趴到地图上了。

路易斯大叔指着地图说道："你看这地图上，中间不是有道线吗？这就是赤道，它将地球分成了南北两个半球。"

"南北两个半球？"多多不解地问。

路易斯大叔转身从旁边的柜子上拿来一个蓝色的地球仪，笑着向多多和米娜两个人解释道："你们看，这地球是一个巨大的球体，而赤道把整个地球分成了两半，北边一半，南边一半。北边的这一半呢，就是我们在的这一半，叫作北半球；而另一半呢……"

"我知道！另一半就是南半球！"米娜高兴地拍手。

"对，米娜真聪明。不管是我们居住的美国、中国，还是我们去

过的泰国、日本,都是在北半球,而我们接下来要去的地方……"路易斯大叔笑着用手指向地图上的某一处,"就在这儿。"

"澳——大——利——亚?"多多和米娜齐声说。

"不错。"

"这个国家看起来好大啊!"

"当然了,这是全球地域面积第六大的国家。"路易斯大叔用手在地图上划着范围,"这一整个大陆叫作澳大利亚大陆,都是澳大利亚的领土,也就是我们要去的地方。南方的土地,袋鼠的家园,动物的天堂!"

"哇!太棒了!"米娜开心地说,"我只是在书上和电视上看过袋鼠,从来没有亲眼见过,好想马上就到那里啊!"

路易斯大叔知道他们心情激动,迫不及待,于是拍拍两个孩子的肩膀说

道:"米娜,你的病也好得差不多了,今天再休息一天,收拾收拾,我们明天就出发。"

"明天就出发?"

"嗯,机票我两天前就已经买好了!"路易斯大叔笑得很得意。

鬼精灵的多多听出了问题,立马反应过来,说道:"哦!原来路易斯大叔早有预谋,昨天还用激将法来激我呢!"

路易斯大叔听了他的话,不由得哈哈大笑起来。

第 1 章
踏上南方的土地

秋季的飞机比春夏季节要平稳得多,路易斯大叔坐在机舱里,听着窗外的气流声,闭目养神。可是多多却丝毫闲不住,又向路易斯大叔问东问西。

"路易斯大叔,我们到没到赤道呀?南半球是不是什么都和北半球相反呢?你看那个地球仪上,他们在最下面,那边的人都是倒着走路吗?"多多反复问道。

路易斯大叔被多多的问题折腾得哭笑不得,只得在机舱里小声地给两个孩子普及地理知识。

"南北半球是由赤道分开的,虽然南北相反,但并不是所有的东西都相反,有很多地方还是一样的,毕竟我们都在一个地球上。地球

上的人都会受到地心引力的影响，双脚踩在地上行走；都是要吃粮食的，也都有一年四季，要受大自然风雨雷电的影响。"

"那不都一样了吗？我还以为他们和火星人一般，与我们不一样呢。"

路易斯大叔笑着摇摇头，继续说道："不过这两个半球的区别确实也不少，最特别的就是，南北半球的四季变化和太阳的位置。"

"四季变化？难道除了春夏秋冬还有别的季节？"米娜一脸认真的表情。

"别的季节倒是没有，不过这春夏秋冬的季节刚好和北半球相反，我们那边是春天，这里就是秋天，我们那里是夏天，这里就是冬天。"

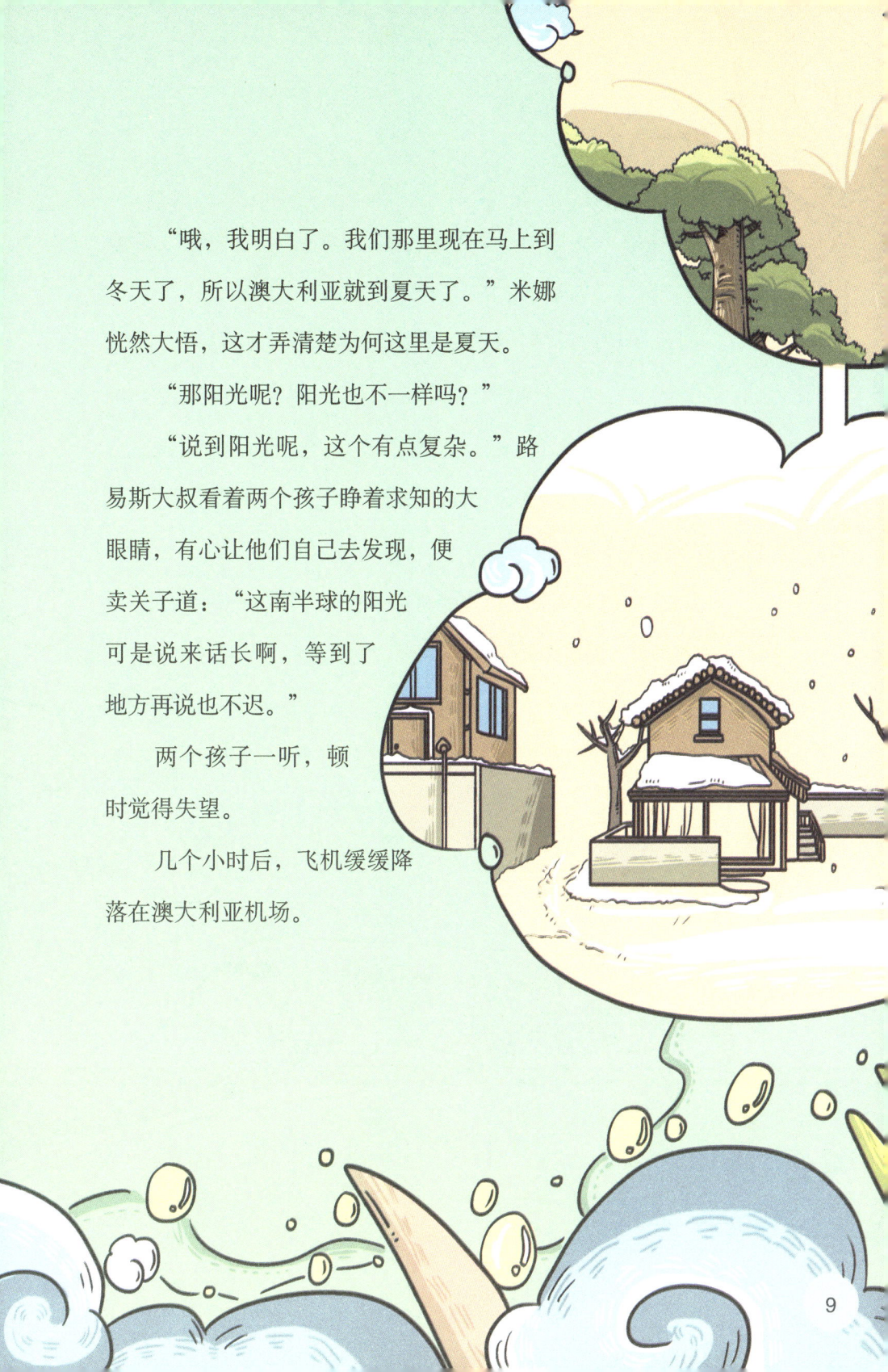

"哦,我明白了。我们那里现在马上到冬天了,所以澳大利亚就到夏天了。"米娜恍然大悟,这才弄清楚为何这里是夏天。

"那阳光呢?阳光也不一样吗?"

"说到阳光呢,这个有点复杂。"路易斯大叔看着两个孩子睁着求知的大眼睛,有心让他们自己去发现,便卖关子道:"这南半球的阳光可是说来话长啊,等到了地方再说也不迟。"

两个孩子一听,顿时觉得失望。

几个小时后,飞机缓缓降落在澳大利亚机场。

飞机停稳，轰鸣声渐渐消失，多多与米娜两个人争先恐后地跑了出来。

一番长途跋涉，三个人都觉得有些疲倦，下了飞机都伸了个懒腰，深深吸了口气。米娜抬头望向天空，一时间，只觉得天空蓝得清明，像水又像玻璃，白云朵朵堆积在一起，显得辽远又开阔。空气也水滋滋的，湿润宜人，干净得像是刚下过雨，让人忍不住想多吸几口。

"哇！路易斯大叔，这里好舒服啊！天空就像洗过一样。"

"是啊。"路易斯大叔不由感叹，"好久没呼吸到这么干净的空气了。"

"哈哈！"米娜高兴地张开手，转起圈来，连行李都顾不得

拿了,"好美的国家啊,像天堂一样!"

"孩子们,这是我们第一次踏上南半球的土地,值得永久纪念啊!"路易斯大叔说罢,从行李箱中取出一个精致的小瓶,蹲下身从地上抓起一把土,小心翼翼地放到瓶子里。两个孩子也学着他的样子,收集了一小瓶纯净的澳洲土壤。

三个人坐车前往早已定好的酒店,都盼着马上好好睡一觉,养精蓄锐,为明天即将到来的旅途做足准备。

第2章
动物的天堂

休整一晚，第二天早餐时，米娜一边吃着煎蛋，一边问路易斯大叔："路易斯大叔，我们一会儿要去哪里呀？"

"米娜不是想去看袋鼠吗？那我们就去动物园，先去悉尼最大的动物园。好不好？"

"啊？"多多撇撇嘴，"动物园我们又不是没去过，无非就是猩

猩猴子老虎啊！"

路易斯大叔笑着说道："这可不一样。你们知道吗？澳大利亚有'动物的天堂'之称，这里有很多稀奇可爱的动物，比如袋鼠、考拉、鸸鹋、澳洲鹦鹉、针鼠等，还有很多我们都叫不出名字，甚至连见都没有见过的动物。这些动物大多都是澳洲独有的，其他地方是看不到的。"

"哦，那为什么其他地方没有呢？我们不能把它们带回去吗？"米娜天真地问。

"傻丫头，每种动物都有适合自己生长繁衍的气候条件，有的动物喜温，有的动物喜干，有的适合热带，有的适合寒带。而澳大利

亚有着独特的地理条件，这里既有温带气候，四季分明，又有热带气候，雨量充足，成千上万的动物在这里栖息繁衍。在澳大利亚，不管你走到哪里，都可以看到人与动物和谐相处的画面。所以可以说，澳大利亚就是一个巨大的自然保护区，一个天然的动植物博物馆，野生动物才是这里真正的岛主。"

"哇——好棒啊！"米娜拍手道，"那我可要好好看看！"

"那还等什么，快吃快吃，动物还在等我们呢！"多多边吃边说。

两个小时后，三个人来到了附近最大的动物园。刚走进去，就有热情的导游来引导他们前行。不一会儿，他们就看到许多叫

不出名字的动物，多多一边翻看着导游给的动物图片，一边分辨着眼前各种各样的动物。天气暖洋洋的，很多动物都在呼呼大睡。

多多现在终于知道，为什么说澳大利亚是"动物的天堂"了。这些动物基本上都是澳大利亚本土特有的，独一无二。游客可以用各种方式和其中的某些动物零距离接触，和它们互动。

走到考拉园，考拉们蜷缩在自己的角落里，对人爱理不理的。多多和米娜都急着上前去，要和考拉们拥抱。

据导游介绍，考拉是名副其实的大懒虫，它们每天除了吃，剩下的就是睡觉，平常这些家伙懒到连挪动一下手脚都不肯，永远都像婴儿一样，从一个人的怀抱转到另一个人的怀抱。米娜抱起一只小考

拉，考拉的四肢搂着她的肩和腰，头贴着她的胸，毛茸茸的，偶尔会抬头打量她一下，眼神还很无辜，惹得米娜哈哈大笑。

多多可不喜欢它们这样躺着，大叫着："起来！快起来！起来给你们蛋糕吃啊！"可是那些考拉一点都不给他面子，还是各自伏在原来的位置不动。

到了袋鼠园，导游给他们三个人各自发了一小包饲料，随他们找袋鼠喂。刚开始进去，袋鼠们都很不给面子，多多把吃的放在手里递过去，袋鼠还把脸别开，或者用它们独有的奇特姿势跳开。多多十分不解，这时候路易斯大叔走过来对他说，这是因为袋鼠们可能被先来的游客们给喂饱了。听到这里，多多眼珠机灵地转了转，低头就往角落里钻。果然，一只半人高的袋鼠气定神闲地站在那里，他把手一伸,袋鼠看了他一眼,就低下头嘎嘣嘎嘣地吃开了。

多多顿时觉得有了无限的成就感,得意地看向米娜,哪知米娜也在细心喂着一只小个子的袋鼠,一只手拿着食物,另一只手还拿着相机咔嚓咔嚓地照个不停。

喂完袋鼠,他们一边听着导游的介绍,一边与各种可爱的动物亲密接触:一会儿教猩猩拍手,一会儿逗弄小针鼠,一会儿又要与其他动物合影,开心得都忘记了时间。直到太阳落山,三个人才恋恋不舍地返回了酒店。

第3章
跑到北面的阳光

对于初到澳大利亚的三人来说，堪培拉、悉尼、墨尔本、凯恩斯等每一个城市都充满了魔力，好像在张开手臂欢迎他们。他们恨不得在一天之内就游遍这些城市，可是要想详细了解这些城市，感受它们的魅力，只能一点一点、一个一个去游览。经过三个人的精心挑选，最终他们决定将澳大利亚的首都堪培拉作为他们的起点站。

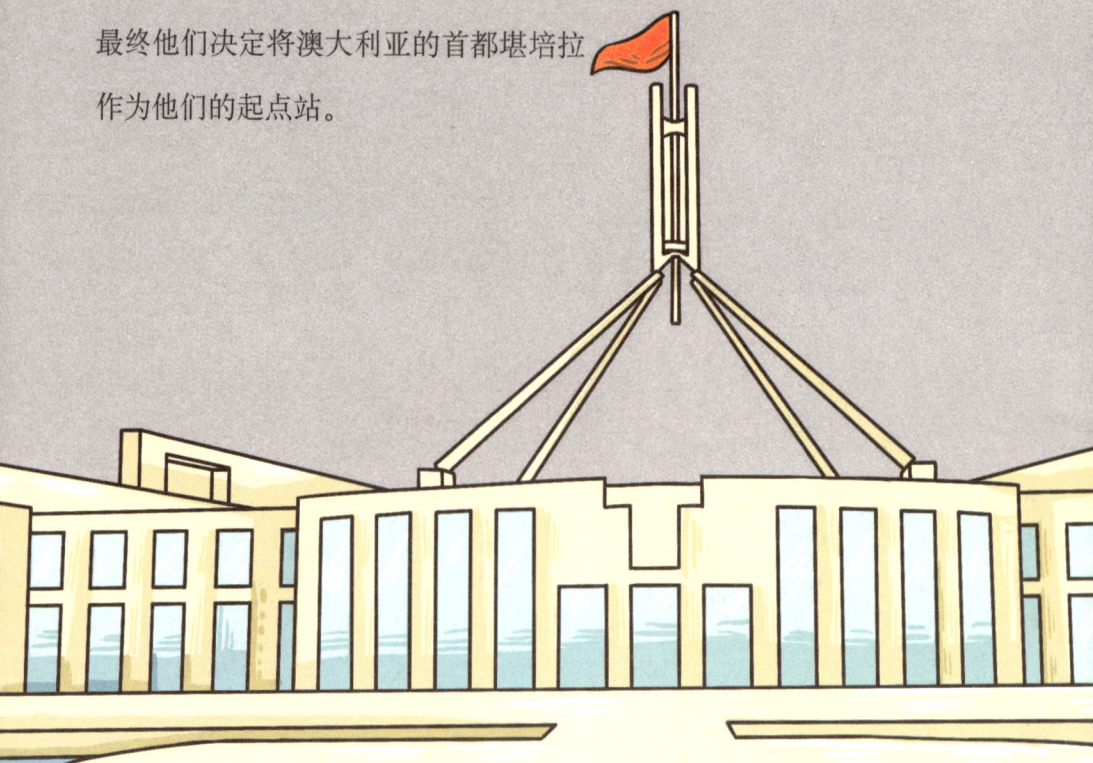

堪培拉这几天天气晴朗，阳光充足，那迷人的海港，让不管喜爱什么活动的人，都可以找到最尽兴的感觉。洋溢着蓬勃生命力并具有多元文化的堪培拉极具魅力，白帆逐浪大海，街道处处花草香，佳木林立，微风徐徐。路易斯大叔带着米娜和多多接连在这里玩了好几天，真正体验了一次天堂般的游历。

回到酒店休息了半天，路易斯大叔觉得应该给两个孩子上一课。

"孩子们，你们在堪培拉玩的这几天有没有发现什么奇怪的地方啊？"

"奇怪的地方？"米娜侧头认真思考了一下，"没有啊……"

"真的没有吗？"路易斯大叔又问了一遍。

"那个……"多多有些不好意思地说，"就是好像有点辨不清方向，老是觉得太阳在北边，可能我也和米娜一样分不清方向了吧。"

路易斯大叔点点头，说："其实问题并不是出在你身上，这南半球的太阳啊，其实就是在北边。"

"啊？"两个孩子都很吃惊，都不理解。

路易斯大叔笑着拿过早就准备好的地球仪和一个乒乓球，"比方说这个乒乓球是太阳，地球仪就是我们所在的地球。"他一字一句，开始给孩子们讲解起来。

原来，地球是围绕着太阳转的，而在它围着太阳转的同时，也在不停地自转。自转和公转相结合，就形成了一年四季和昼夜的变化。而太阳，始终围绕赤道，在地球南北回归线之间活动。也就是说，当太阳直射南半球时，也就是每年的9月到次年3月，南半球就是春天和夏天，北半球就是秋天和冬天。反过来，当每年的3月到9月，太阳直射北半球时，南半球就是秋天和冬天，北

半球就是春天和夏天。所以，对于南回归线以南的人来说，太阳永远在北边；对于北回归线以北的人来说，太阳则永远在南边。

"这个道理有点复杂，你们明白了吗？"

多多似懂非懂地点着头，说："好像有点明白，又好像不怎么明白。"说完他就跑到外面，张开双手，一会儿抬头看看太阳，一会儿低头看着自己的影子，最后向着路易斯大叔和米娜喊道："我知道啦！太阳就在地球中间，所以南边的人们看太阳在北边，北边的看太阳在南边。可是太阳东升西落这是不变的，所以就算我们觉得正午的太阳是靠北边，但它还是从东边升起的。"

"不错！"路易斯大叔也从屋里走出来，上前摸摸多多的头，说，"以后你们要学会自己发现，自己思考，这样学到的知识才能记得更加牢固。还有一点，不懂的问题不要钻牛角尖，一定要说出来,你们不明白的地方,我会告诉你们的。"

"嗯,知道了,路易斯大叔,我一定要变得像你一样聪明!"

米娜这时也蹦蹦跳跳地跑过来,说:"我也是!"

路易斯大叔笑得合不拢嘴,将两个孩子拢到身前,说道:"好好好!这样吧,为了奖励你们,明天带你们去逛澳大利亚的牧场!"

"牧场?牛羊的牧场吗?那我们可以在那里剪羊毛、喝牛奶吗?"多多问道。

路易斯大叔一愣,接着笑道:"这个啊,到那里你们就知道了!"

第4章
羊儿的牧场

清晨,阳光从窗外透进来,暖洋洋的,躺在床上的多多享受着清晨的阳光,不想起床。

"多多!多多!"米娜跑到他的床边,"多多,快起床啦,今天路易斯大叔还要带我们去看澳大利亚的牧场呢!"

"牧场?对了,我今天还要去挤牛奶、剪羊毛呢!"多多一个翻身下了床,赶紧将衣服穿好。

饭后，三个人从酒店出来，坐车向郊区的一个牧场出发。

"澳大利亚素有'骑在羊背上的国家'之称，到澳大利亚就一定要去原生态的牧场一游。我们现在要去的这个牧场叫库洛牧场，是我一个朋友的。"路易斯大叔说道。

"可是路易斯大叔，牧场哪个国家都有啊，为什么我们非要看澳大利亚的牧场呢？"米娜脖子上挂着相机，好奇地问。

"不错，很多国家都有牧场，像中国的西藏、美国的乳畜带都有牧场集中分布，但是只有澳洲的牧场才是最特别的。这里的牧场个个非常广阔，至少都有上百公顷，一望无际，就像一幅天然的油画，别提有多美了！"

"真的假的呀？路易斯大叔，你不会是骗我们吧？"多

多露出一脸质疑的表情。

路易斯大叔知道多多不亲眼看见是不会相信的，也不和他争辩，只说了句："是真的还是假的，你们见了不就知道了。"

车子沿着公路从酒店一路西行，路边的树木越来越小，越来越稀疏。米娜和多多不时向窗外张望，一会儿被天上飞过的小鸟吸引，一会儿又对迎面开来的车辆目不转睛。米娜刚刚拍完一只通体白色羽毛、只有头顶上有金黄色羽冠的白鹦鹉，还在感叹它晒太阳的悠闲，就听见多多一声大叫：

"哇——"

米娜不由抬起头来，也愣住了——

只见不远处一片蓝天白云之下，油绿的青草一望无际，洁白的围栏整齐划一，一群群悠闲的牛羊踱步青山绿水之中，一栋栋红色的房

舍与青草互相点缀，蝴蝶在野花中穿梭，花香沿小溪扑面而来，好一个山清水秀、鸟语花香的世外桃源！

"哇——好美啊！"米娜一脸的惊喜，"好多草，好多羊，好香的花，好清新的风啊！"

"我们终于到了。"路易斯大叔笑着说。车还没怎么停稳，米娜和多多就从车上跳下来，迫不及待地趴到围栏上，"嗨——"多多向着围栏内不远处布满山坡的牛羊兴奋地挥舞着手臂，"嗨——小牛，小羊，我们来啦——"

"好久不见了。"刚下车，等候在旁的牧场主人伊恩就热情地上前和路易斯大叔打招呼。

路易斯大叔笑着说:"今天我带着这两个小活宝出来见识见识,长长知识。"

"好,那就让我这个主人尽一下地主之谊,带他们去会会我的羊儿们!走吧!"

伊恩的库洛牧场位于堪培拉的农牧业区,水草丰美,牧场广袤,山林幽静,低远的天空下,牛羊布满山坡。多多觉得路易斯大叔的这位朋友肯定很富有,因为这里还可以看见停在农场和住宅边的私人飞机呢。几个人在伊恩的带领下,来到了羊圈外,羊儿们仍然一副悠闲自在的样子,待这些新来的客人如老朋友一般,而米娜和多多则睁大了双眼,好奇地盯着这些"宠儿"。

"澳大利亚地势平坦、开阔,草原面积广,气候条件好,草地放牧资源充足,具有丰富的地下水资源,羊毛市场需求量大,而且牧民能够适应市场需求变化,调整各种牧种类型。养出来的羊儿啊,也是个个身强体壮!"伊恩打开栅门,好让多多他们可以看得更清楚。

"是啊,澳大利亚人民充分利用了优越的自然条件,因地制宜,发展农牧业。他们农牧业生产机械化程度很高,这也是值得我们学习的地方。"

米娜一直盯着栅栏里的羊儿,一副若有所思的样子。多多看米娜一动不动,好奇地用手肘碰碰她:"喂,米娜,你怎么了?"

"路易斯大叔不是说我们可以剪羊毛吗,我要好好研究一下,挑一只漂亮的小羊来剪,给它做件最好看的衣服。"

"哈哈!"路易斯大叔和伊恩都笑起来,"这些羊啊,都是为剪羊毛比赛准备的,你可不能动哦!"

"剪羊毛比赛?"

"是啊,你们想不想看呢?"

"想啊想啊,伊恩大叔,您带我们去吧!"

"剪羊毛这件事情,并不是随时想做就可以做的。在澳大利亚,畜牧业也是讲究时节的。"路易斯大叔向多多和米娜解释道,"澳大利亚的畜牧业机械化发达,但是并不代表牧民们很闲,他们有许多事还是要亲力亲为的,比如剪羊毛。这里的忙碌期是每年的8~12月。8~10月绵羊的毛就已经很丰厚了,正是褪毛的绝佳时期。11~12月则是小麦收割的农忙期。等割完小麦,

绵羊就可以到麦田或草场上自由地吃草散步了。"

"那上半年没事做吗？等小绵羊长毛吗？"多多问道。

"上半年相对来说是比较轻松一些，这时候是羊儿长膘长毛的时候，小麦也刚刚种下，就等着把它们养肥好供下半年收获了，这样年复一年就形成了一个良性的生态循环。"

"孩子们，"伊恩边说边载着三个人前往剪羊毛比赛场地。"现在你们知道了吧，这个时节不是剪羊毛的最佳时间，不过我们为了满足广大游客观看剪羊毛的愿望，特意举办了这次剪羊毛比赛，你们可有眼福喽！"

"哇！我们真是太幸运了！伊恩大叔，剪羊毛比赛怎么比呢？是

不是比谁剪得多，剪得好看啊？"

"那倒不是。比赛的时候每个选手必须在11分钟内剪完4只羊的羊毛才能得到100分。而且要求羊毛要剪齐，不拉毛，才算技术过硬。"

"4只？我能剪完一只就心满意足了。4只？谁这么厉害啊？"

"参加比赛的牧民大多是附近专门剪羊毛的熟练工人，到剪羊毛的季节便在各个牧场寻找工作。全澳洲大约有15000名这样熟练的剪毛工人。熟练的剪羊毛工人在实际工作中一口气要剪30多只羊，每只羊都有几十千克重呢。"

"哇，好厉害！"米娜露出一脸崇拜的表情，"好想马上就看到哦！"

"看，这就到了！"

比赛在农场附近的一个活动中心举办，有来自世界各地的游客们观看。活动中心的场地很大，看台上可以容纳三四百人，台下共有6个比赛位，表示每轮可以由6名选手参赛。每个比赛位后都有一扇小门，那是供绵羊进场的。

几个人陆续进入会场，比赛马上就要开始了。头一轮的6位选手已经做好准备待命，每个人的旁边都有一个裁判。

不多时，总裁判一声哨响，比赛开始了。场地周边的6扇闸门同时打开，6只胖胖的绵羊瞬间跑出。选手们立刻上前抓住小羊剪起来。他们有的先从头部剪起，然后是脖子、前腿、后背；有的是先从后腿剪起，然后是屁股、后背。顺序虽然不同，技巧却一样娴熟。只

见羊毛像雪花羽毛般飞舞,等到羊毛渐渐落地,6名选手已经都站起来抱住自己的小羊开心地笑了。

米娜和多多看得目瞪口呆,头一次见这么迅速的剪羊毛手法。那些刚才还臃肿、毛茸茸的绵羊,现在身上已经光秃秃了,体积瞬间缩小了一半。

"哇!刚才它们还穿着羽绒服呢,转眼就被剥得精光啦!"多多揉了揉眼睛,似乎还是不敢相信。

晚上在饭桌前,多多还对刚才的剪羊毛比赛念念不忘,"路易斯大叔,我说8号那位大哥会得冠军吧,米娜还不信。"

"伊恩大叔家的斯诺哥哥剪得也很好嘛,我看他也能拿冠军的!"

路易斯大叔坐在两个孩子身边,语重心长地说:"比赛注重过程,参与即是胜利。剪羊毛重在庆祝牧民生活,体验无穷趣味,我相信不管得不得冠军,澳大利亚的人们还是非常热爱他们的畜牧事业,热爱他们多姿多彩的生活,你们说是不是啊?"

"嗯!"两个孩子齐声点头。

澳大利亚的畜牧业

　　澳大利亚的畜牧业在全球都是数一数二的,但是千万不要以为牧民们都很辛苦。当地的牧场虽然很多,但是需要付出的劳动力却很有限,因为绝大多数的农场都是机械化生产。近年来,澳大利亚农场数目在不断减少,规模却在不断壮大,再加上机械化程度的提高,使得放牧、打草、剪羊毛等环节需要投入的劳动力很少,但是效率很高。

　　澳大利亚畜牧业发达,其中一项代表性产品就是羊毛制品,当然需要把羊毛剪下来才能送到工厂进行加工。而剪羊毛是一个技术性很强的工作,一个好的剪羊毛工可以在很短时间内剪完一只羊,并且拿着羊毛一铺,就是一个完整的一块,没有任何断裂。

第5章
跳跃的国宝——袋鼠

这一天吃过早饭,路易斯大叔带着两个孩子来到袋鼠园。这里的袋鼠比他们刚来时在动物园看到的袋鼠更加强壮,也更有活力。

多多和米娜跑到袋鼠中间,把双手放到胸前,模仿着袋鼠一跳一跳的动作,惹得袋鼠们都好奇地望过来。

不过，有的袋鼠一跳一两米，他们可不行，才跳了一会儿，就累得气喘吁吁，可是周围的袋鼠们却依旧跳得起劲儿，浑然不觉得累。

"袋鼠具有强壮的后腿和巨大的脚，它们以跳代跑，最高可跳4米，最远可跳至十多米，可以说是跳得最高最远的哺乳动物，你们是没有办法和它们相比的。"路易斯大叔走过来，劝他们歇会儿。

这时候，一只雄性红袋鼠跳过来。只见它向后伸出长长的尾巴保持平衡，便成功从三人中间穿过。跳了一会儿，它又用尾巴与后肢一起支撑身体，鼎足而坐，十分稳当。

路易斯大叔指着那只红袋鼠说："袋鼠的尾巴就像我们人类的腿一样，作用便是支撑。跳起来可以掌握平衡，奔跑时可以控制节奏，休息时也可以将身体依附在尾巴上。必要时，它们的尾巴还能当武器

呢。要知道，如果袋鼠遇到威胁，除了头部撞击之外，最具攻击性的武器就是尾巴了。"

通过路易斯大叔的介绍，孩子们得知，袋鼠有50多种不同品种，大小从30厘米到3米不等。有的比人还高大，有的如猫一般矮小。在澳大利亚比较常见的有红袋鼠、灰袋鼠、大袋鼠等。

"路易斯大叔，为什么我们在澳大利亚任何地方都能看见袋鼠啊。不管是飞机上、建筑物上，还是公路上，都有袋鼠的形象，是今年比较流行袋鼠吗？不知道的人还以为这里是袋鼠的王国呢。"多多好奇地问。

"这是因为袋鼠是澳大利亚的标识呀，就像我们中国的熊猫，好比吉祥物一样。是吗，路易斯大叔？"米娜抢着回答道。

"你说得没错，袋鼠确实是澳大利亚特有的吉祥物，澳大利亚政府甚至把它放到国徽中作为国家的象征。"

"对了，"路易斯大叔忽然想起来什么，问道，"你们知道袋鼠是怎么来的吗？"

"怎么来的？不是从袋鼠妈妈的肚子里生出来的吗？"

"该不会是从袋鼠妈妈胸前的口袋里出来的吧？"米娜小声嘀咕。

路易斯大叔带着他们来到一间草棚，房间草堆前卧着一只母袋鼠，腹前的袋子里还有一只小袋鼠，只有老鼠一般大小。它浑身上下颇为光滑，没有多少毛，正眯着眼睛吃奶，一吮一吮的，极有节奏。

"哇，好可爱的小袋鼠啊。"米娜忍不住想去摸一下。

"哎，不要动，袋鼠妈妈可是会生气的。这只小袋鼠才刚出生几天。你们啊，别看它现在这么可爱，刚生下来的时候可是浑身血红，恐怖得很啊。"

"嘿嘿，真好玩。路易斯大叔，它到底是怎么出来的呢？"多多笑着问道。

路易斯大叔让他们坐下，然后慢慢说道："其实，袋鼠的生殖过程和人类也差不多。只不过袋鼠虽然也是哺乳动物，但母袋鼠体内没有成熟的胎盘，只能算低级的哺乳动物。所以小袋鼠在妈妈肚子里的发育并不成熟，不到两个月它就出生了。"

"啊？发育不成熟就出生了不是容易生病吗？"米娜不解地问。

路易斯大叔耐着性子讲解道："小袋鼠刚出世的时候，只有我们的小手指那么大，像一个小肉球，耳朵、眼睛都还没有长开，袋鼠妈妈就把它装在袋子里先喂着，大概7个月后才能出来呢。"

"哦，原来袋鼠的袋子是用来养育小袋鼠的啊，我以为是用来放吃的东西的呢！"多多恍然大悟地说道。

"母袋鼠的袋子里有4个乳头，为小袋鼠提供母乳。袋鼠妈妈为了小袋鼠可是受了不少苦呢！小袋鼠刚出生什么都不懂，只能凭本能寻找母乳，而要找到母乳就必须先找到袋鼠妈妈的育儿袋。袋鼠妈妈为了让小袋鼠准确地找到育儿袋，得半仰着身子。它的腿脚和尾巴要支撑身体，只能用舌头为小袋鼠引路。它们的舌头能分泌气味独特的

黏液，小袋鼠就沿着这条黏液铺出的潮湿小路爬进育儿袋了。"

"那小袋鼠什么都不知道，怎么会去喝母乳呢？"米娜好奇地问道。

"小袋鼠不会吮吸奶汁，可是它有一个伟大的妈妈呀。袋鼠妈妈刚开始把奶汁喷射到小袋鼠的嘴里，然后奶头会自动收缩，像磁铁一样将小袋鼠牢牢地吸住。这样小袋鼠在育儿袋里继续吸收母体的养分，七八个月后就基本有自己的意识了。在这几个月里，小袋鼠只会吸收不会排泄，根本不用离开育儿袋。"

多多认真观察，发现这一带大多都是母袋鼠，它们腹前的育儿袋里都有一两只小袋鼠。有两只小袋鼠在袋子里探头探脑，还不时互相搔头弄耳，像是在交流感受；有的母袋鼠和小袋鼠正在"奋战"，小

袋鼠拼命往外探头，母袋鼠却不时将它们按回袋子；还有较大一些的小袋鼠跟在母袋鼠后面一跳一跳，像蹒跚学步的婴儿。他还发现一只母袋鼠的育儿袋是空的，袋鼠妈妈用前肢撑着口袋，正低头用舌头仔细舔着袋内的绒毛。

路易斯大叔看到多多正四处张望，笑着说："小袋鼠们也是很调皮的。它们有时候会在育儿袋里大小便，这样母袋鼠就得经常打扫里面的卫生。看，那只用舌头舔育儿袋的母袋鼠就是在打扫卫生。"

"那它们会在里面待多长时间呢？这样不是一点自由也没有？"多多眼睛盯着袋鼠问道。

"等小袋鼠吸收了足够的养分，身体强壮些就能出来了，但是它们必须在袋鼠妈妈的监视下活动。这样一旦发生意外或者受到惊吓，袋鼠妈妈才能确保小袋鼠可以立即回育儿袋。随着小袋鼠一天天长大，育儿袋慢慢就容纳不下它们了。不过，接下来的三四年它们还是得吃母乳，一直到长成身高一米多的大袋

鼠，才能脱离母袋鼠。等小袋鼠彻底成熟，就变得威武有力了。这时候，它们青春正盛，每小时能跳65千米，一跃两三米远，尾巴一扫，威力无穷，通常这时候的袋鼠破坏力也是最大的。"

"嗯，还是小时候可爱些。"米娜一听长大的小袋鼠威力很大，一时觉得有些害怕。

第 6 章

圣母玛利亚大教堂

这天上午,三个人早早地吃过早饭,便向悉尼最负盛名的圣母玛利亚教堂出发了。

在车上,路易斯大叔向两个孩子介绍起教堂的历史:"圣母玛利亚教堂是整个南半球最大的教堂,建成于大约两百年前,不过建成

42年后，就被火烧毁了，我们现在看到的圣母玛利亚教堂，是1868年以后重新修复的，整个修复过程用了60年。它是悉尼天主教的精神圣地、大主教的所在地，是一个历史悠久的哥特式建筑。它不仅是宝贵的遗产，也是整个城市精神和文化生活的重要组成部分。告诉你们一个好消息，教堂内部是可以免费自由参观的哦。"

终于，他们来到了教堂前，只见眼前的建筑尖塔高耸，尖形拱门，硕大的窗户，还有尖肋拱顶、飞扶壁、修长的束柱，轻盈修长，给人一种飘飘欲飞的感觉。

走进教堂，抬头只看见巨大的拱形穹顶，中央大厅高远而辽阔。大厅中几根巨大浑圆的柱子矗立着，传递出正义肃穆的力量。教堂

周围的长窗上镶着五颜六色的彩绘玻璃，绚烂又庄重。上午的阳光强劲有力，穿过玻璃照进大厅，在墙上、地上留下斑驳的影子。四周无声，但是他们却好似听见了从天堂传来的天使的歌声。他们闭上眼睛，让自己沉醉在这份静谧之中。

教堂内虽然游人很多，但大家都被这种庄严肃穆的氛围感染了，没有人大声说话，米娜有了问题也只能小声地询问路易斯大叔。

"路易斯大叔，为什么这些玻璃都是彩色的呢？上面画的画好漂亮啊！"

米娜生在中国，虽然也见过教堂，一直很喜欢这种彩绘玻璃，但她始终不明白为什么教堂的玻璃都是彩色的呢，而且越是古老庄重的教堂越是如此。

路易斯大叔也放低声音回答说："圣母玛利亚大教堂属于哥特式建筑，而哥特式建筑的一大特色就是彩绘玻璃。你生在中国可能不怎么了解，你有没有注意到这教堂和普通的房子有什么区别？"

米娜又四处认真看了下，说道："这里好像没有围墙，感觉房子里面的空间很大很开阔。"

"不错。西式的教堂大体都是如此，空间开阔没有墙面。西方人信仰坚定，又热爱浪漫，于是找到了玻璃这个最适合装饰的材料。另一方面，以当时的生产工艺还生产不出纯净的透明玻璃，因此生产出的玻璃都或多或少含有一些杂质。西方人便利用它的杂质做起了彩绘。至于这些画，也都是有典故的，它们基本都出自《新约》故事，被称为'不识字的人的圣经'。"

"你们快来看呀，今天有新人结婚呢！"多多说道。

果然，不远处有许多身着正装的人陆陆续续步入教堂嘉宾席，看来是来见证婚礼的宾朋好友。游客们也都自动让开道路，或者在现场落座。

今天他们赶上的这一场婚礼采用了传统西式婚礼的方式举行，台前有神父或牧师在主持，台下有亲朋好友列席。

仪式完毕，路易斯大叔等人随着人群走出教堂，看着那对新人乘坐婚车远远离去。

"咦？他们的婚车前面怎么还挂上白色的布条啊？不怕不吉利吗？"米娜发现那些婚车不但没有装饰，还用白布条拉了一个"人"字形，不禁觉得奇怪。

路易斯大叔一听这话，扑哧一声笑了："怎么会呢？就像在中国，人们结婚时通常喜欢用红色，因为红色表示喜庆，而在澳洲，人们都用白色，因为白色象征纯洁；在中国，婚车都是披红挂彩，但在澳洲，婚车通常是在汽车头上用白布条拉成一个'人'字形。这是不

同地方的风俗。在澳大利亚,结婚时家里的所有摆设、日常用品以及办喜筵的费用都是由女方负责的,男方需负担婚礼时伴娘别的胸针等一些仪式上的小东西,住房一般是由男方购买。"

"这样啊,那还不错嘛。"多多笑着对米娜开玩笑说,"米娜,要不你长大了也来澳洲办教堂婚礼也不错啊!"

米娜听他拿自己说笑,脸刷的红了,作势要去打他。

两个人你追我赶,打打闹闹,一路向前跑去……

第7章
悉尼歌剧院

在悉尼待了十几天了,多多发现这儿的天气很有意思——晴天穿短袖,阴天下雨就要穿上风衣或羊绒衫。这根本不像夏天,老是感觉冷飕飕的,他现在都后悔长袖衣服带少了,怪不得悉尼的人都抱怨这段时间雨水太多。

电台预报周六还有阵雨,路易斯大叔一行三人原以为周六去悉尼歌剧院的计划要落空了,没想到周六早晨起来,却是晴空万里,看来老天爷还是很眷顾他们的。

早饭后,三个人坐车前往市里,下车顺着环形码头行走,悉尼歌剧院便慢慢进入视野!从远处看,第一感觉就是人太多,走近一些便感受到了它的巨大和雄伟。在它的对面是知名的悉尼海湾大桥,海港停靠着他们看到过的巨大的海轮。

对于悉尼歌剧院,三个人都不陌生,旅游画册和电视栏目都曾介绍过,但是真的亲眼看见还都是头一回。

悉尼歌剧院是由丹麦建筑师约恩·乌松设计的,是20世纪最具特色的建筑之一。它由三部分组成,左为贝尼朗餐厅,中为音乐厅,右为歌剧院。每部分皆为一片白帆，三片白帆组成了悉尼歌剧院建筑群。因为路易斯大叔他们是顺环形码头走来，从他们的角度观察悉尼歌剧院就不是三片白帆了，感觉更像是阳光下一片片闪闪发光的白色大贝壳。

多多认真瞧着，越看越觉得不对劲，喃喃说出口："我怎么觉得以前在画册上见过的比这更白一点。"

"呵呵，你观察得还挺细致嘛。"路易斯大叔笑着说，"这悉尼歌剧院确实和我们在照片画册中的有些差别。它外部装饰着瓷砖或者马赛克，约10平方厘米，从近处看并不怎么白，也不亮。"

因为是周六，这里又有下沉广场，许多人在这里喝茶聊天，或者一边喝着啤酒一边听着免费的乐队精彩演奏。

三人登上台阶看着歌剧院顶，米娜拿出相机，对着远处的天空接连拍了好几张照片。偶尔几艘游船进入镜头，给画面增色不少。米娜很喜欢悉尼的天空，太有动感了。

　　路易斯大叔和多多买了一包薯条，准备逗逗岸边的海鸥。没想到那些看似漂亮的海鸥，抢起食物可都厉害着呢！路易斯大叔把薯条扔到甲板或栏杆上，引来一大群海鸥。有的海鸥霸道得很，边抢还边啄其他海鸥，宣告着自己对薯条的所有权。有的海鸥个子小小的，抢起薯条来却一点也不弱，嘴里嗷嗷叫着与别人"掐架"，"扑棱""扑棱"扇翅膀的声音不绝于耳！薯条有限，海鸥们闹得"战火四起"。

　　突然多多像发现了什么似的，大声喊道："路易斯大叔，快看！这里有一只海鸥不争不抢，还翩翩起舞呢。"

几个人在码头上眺望，能看见远远驶来的游船，因为是休息日，有很多人在岸边喝咖啡。路易斯大叔三人也加入他们，坐在躺椅里聊天。有时会突然有海鸥飞来，落在米娜或者多多的胳膊上、桌子旁。"悉尼本地的人也都喜欢坐在这里喝咖啡，感受来自世界各地的游客们对悉尼歌剧院的赞叹，这是他们最引以为豪的。"路易斯大叔靠在躺椅上，感受着凉凉的海风，看着周围人们祥和、缓慢甚至称得上优雅的生活状态，不免觉得心旷神怡，什么烦恼都抛到脑后了。

环形码头的周边，开设了很多供游人休憩的小店，有餐馆、咖啡厅、工艺品小作坊等，各式各样。整个港湾海水干干净净，没有垃圾，没有漂浮物，也没有一丝鱼腥味道。米娜闻着清新的空气，不由感叹："好一个漂亮、干净的国际大都市！"

第 8 章
黄金海岸

明媚的阳光，连绵的白色沙滩，湛蓝透明的海水，绿色的棕榈林，游人身着短裤，躺在沙滩伞下，看看景色，想想心事，实在是人生最惬意的事情了。

今日风和日丽，路易斯大叔带着两个孩子来到这个澳洲假日

旅游的圣地——黄金海岸。时值盛夏,海滩上、浅水里到处都有人群,男男女女、老老少少,他们嬉戏打闹、游泳冲浪,弄得水花四起,到处都是欢声笑语。岸边的人们多数在休息,有的在太阳伞下戴着墨镜小憩养神,有的热火朝天地打着排球,有的悠悠地骑着白马,还有的三五成群谈笑风生,身边的啤酒罐子堆成一片。原本金色的沙滩变得五颜六色,热闹非凡。

多多正在哼着小曲儿,享受着沙粒摩挲在肌肤上的细腻感觉,忽然被不知从哪里飞来的硬物砸到腿上,吓了一跳,他猛地坐起身来,抓住腿边的东西一看,原来是一个白蓝相间的排球。

"多多!再躺下去你就变成沙子了!快来打排球吧!"远处的米

娜见他起来，摇着手对他大喊。

他向米娜看去，见她正和路易斯大叔单打，样子有些狼狈，显然处于下风，于是决定加入战局，两个人合力迎战路易斯大叔。直到都筋疲力尽，三个人才到沙滩伞下休息。

黄金海岸被称作冲浪者的天堂，三个人当然要亲自体验一番了。不过米娜是女孩子，个子较小，路易斯大叔和多多先带着她进行了基本的人身冲浪。他们边教边做，先游泳离开海岸去等待大浪，当大浪冲向海岸时，就顺着海浪的势头侧泳向岸边。他们先是双腿跪坐在冲浪板上，双手摁住两侧，拱起背部，等适应后就趁着海浪减弱慢慢张开双手，最后直接站了起来，双脚并立，手臂打开以便控制平衡。

"这种平衡感训练是相当重要的,等你们以后学会用冲浪板冲浪也少不了用这一步来热身。"

等米娜熟悉了步骤,渐渐觉得畅快淋漓,不需要两个人提点,已经能很熟练地冲浪了。她一边冲浪一边咯咯地笑,很是开心。

三个人运动累了,就搭着游艇在黄金海岸平静的内陆运河航行,游览两岸的秀丽风光。河水晶亮剔透清澈见底,暖风沁人心脾,午后的阳光也温婉得要催人入眠。米娜在艇上看着这湖光山色,觉得心旷神怡,开心地唱起歌来。

河上还有很多游人，有的悠闲垂钓、捉虾，有的喂食野鸭，还有渔夫在奋力捉蟹。他们将蟹笼逐个放入水中，再用浮标固定，过个半小时左右捞上来再看，笼中就载满了各种螃蟹。过不了多久，这些战利品就会变成渔民桌上的泥蟹大餐了。

　　游过两圈，三个人上了岸，又在附近的购物村、免税店里买了许多纪念品，直到日落西山才满载而归。尽管已是黄昏，但黄金海岸仍然是五光十色，众多的娱乐项目和精彩的夜生活仍然在继续，而明天，又会吸引另一批来自世界各地的游客。

黄金海岸

　　黄金海岸位于澳大利亚东部沿海,由数十个沙滩组成,因沙滩呈金色,所以才得此名。这里的气候为靠近热带区域的亚热带季风气候,所以终年阳光普照,气候湿润,一年四季都十分适合旅游。不过最好的时节还是在当地夏季,也就是每年的12月到次年的2月。这里非常适合进行冲浪和滑水活动,是冲浪者最喜欢的圣地。这里各种旅游设施都很齐备,可以满足不同旅客的需求。

第9章

北领地帝王谷

"亲爱的,要我宽恕你吗?只有我才是有罪的啊!"

"可是,我又有什么别的办法呢?我希望你能得到幸福,即使……即使……即使要损害我的幸福也在所不惜。"

告别悉尼,几个人正在通往北领地的大巴上,而米娜还沉浸在那

天在悉尼歌剧院中观赏的歌剧《茶花女》的剧情之中。

而多多则笑嘻嘻地望向路易斯大叔："路易斯大叔，能不能先透露一点关于北领地的信息啊？"

路易斯大叔看他一脸狡黠，摇摇头道："那可不行，自己去看。"

"哼！"多多马上转过头，装作生气的样子，片刻后又转过来，眨着眼睛说，"幸亏我早有准备。"说着从包里拿出几张纸，照着念道："澳洲北领地，与南极、亚马孙森林、落基山脉等共同被称为'地球上最后的处女地'，因为它是以纯天然自然景观著称的，还被美国《国家地理》杂志评为'地球上51个一生中必须去的旅行地之一'。"他边念边用眼角瞥着路易斯大叔和米娜，又加大了声音，带上夸张的表情，"在我心目中，北领地是一片粗犷、古老、神秘而又与世隔绝的土地。那里有沙漠中的玫瑰——爱丽斯泉，还有闻

名世界的卡卡杜国家公园……啊！叫我如何不留恋！"

"嗯，念的不错。不过我劝你还是省些力气吧，等到了地方你就说不出话来了。"路易斯大叔劝他道。

坐了4个多小时的大巴之后，终于到达了此行的目的地——帝王谷。几个人一下车，就感觉一股热浪骤然袭来。路易斯大叔看看户外专用手表上的温度计，显示这里的温度超过了30℃。

帝王谷是一个深入地下270多米的巨大峡谷，位于卡塔丘塔国家公园中，右邻乔治吉尔山脉。峡谷中满是沟壑，触目惊心，残酷而美丽，一看便知是地壳运动留下的痕迹，记录了澳洲大陆沧海桑田的变迁。谷中依然保持着最原始的面貌，有棕榈、蕨类和苏铁等各类植物，郁郁葱葱。

中午时分,三个人随着其他游客一起登山,这里的高度落差近300米,不过对于经常爬山的三个人来说根本不算什么。路易斯大叔又看了看手表上的温度计,此时的温度已经达到了40℃。气温高热,没有人说话。不过,让路易斯大叔欣慰的是,多多和米娜都精神昂扬,奋力攀登,谁也没喊一声累,没有一个人拖后腿。今天太阳高照,紫外线也很强,幸好穿着短袖短裤的他们在手臂和腿上都涂抹了防晒霜。

登山后,他们又开始徒步行走,在路上看到十分壮观的荒野景色。有被风化成橙红色的岩石,有枝叶完全干枯、树根却依旧盘旋在岩石底层的枯木,还有随处可见的几百米深的悬崖深渊。如果在这里拍几张照片,还真的有荒野写真的感觉。

第10章

到卡卡杜去

第二天，三个人又前往澳大利亚最大的公园、北领地的后花园、冒险者的乐园——卡卡杜公园。很多人都说，不去卡卡杜，就没到过北领地，不去北领地，就没到过澳大利亚。路易斯大叔这么说的时候，多多和米娜一副极不相信的样子。

"等你们到了就知道了，那里有太多的东西等你们探索，就怕你们看花了眼。"

他们从澳北区的首府达尔文出发,大约要经过3个小时的车程。汽车一路在广袤的土地上驰骋,多多发现来往的车辆多是一些长途运输的公路大卡车,车窗外的风景一闪一闪,单调到好像只有一幅画面。路易斯大叔看出了他的想法,对他解释说:"卡卡杜虽然占地面积比北京还大,但是人烟稀少,这条道路主要是用于长途运输和游客旅游的。"

来到卡卡杜公园入口处,三个人立刻被公园的壮观景象吸引住了。两块写有公园名称的庞大石碑立在中央大道两旁,中央大道笔直地延伸出去,在尽头处拐至一片绿林之中。

"走吧,多多,你不是想探险吗?米娜,你不是想闻闻春天的味道吗?卡卡杜有着最原始的大自然,能够让你们探险的探个够……"

多多和米娜还没等路易斯大叔的话说完，就赶紧冲了进去。米娜看至一处，总会跑来请教路易斯大叔。路易斯大叔一边紧跟着两个孩子，一边为他们解说。几个人边看边说，边欣赏边拍照，玩得不亦乐乎。

"路易斯大叔，这里都有哪些好看的东西啊？"

"卡卡杜是澳大利亚最大的国家公园，被原住民比喻为神的家园，因为他们认为它的色彩、季节和精神都如此独特，乃是上天独一无二的馈赠。它还被联合国教科文组织列为自然和文化双遗产呢。"

"我知道！我们中国的泰山也是呢！看来联合国挺公平的呀！哈哈！"米娜插嘴道。

"对，民族的就是世界的嘛。这里呀，有很多很多动物，有超过25种青蛙、51种鱼类、60种哺乳动物、120种爬行动物、280种鸟类、1600种植物,甚至还有超过一万多种的昆虫……"

"呀!比我知道的动物都多啊!"

"是啊!280种鸟类,我们一天看一种,得要9个多月才能看完呢!"

"什么,9个多月?"多多听到这里,视线立刻从路边草丛中爬过的小虫子身上转移过来,兴奋地问道,"那我们要在这儿待9个月吗?"

路易斯大叔和米娜都没有回答他,只是相视一笑。米娜接着问道:"那这里只有动物和植物吗?"

"当然不是。"路易斯大叔耐心地解释,"这里还有在世界上享有盛誉的土著岩画!"

"岩画?就是我们在莫高窟看到的那种吗?"

"不。莫高窟的岩画是在窟内岩壁上,而卡卡杜没有大型的洞窟,一般都是在有遮挡、不易被雨淋或者不易被破坏的地方才有壁画,即使这样,整个公园也有7000多处呢。另外,莫高窟的画是由民间艺人画的,这里的却是由四五万年前生活在澳洲北部的原住居民用古老的矿物颜料和着猎物的鲜血创作出来的。"

"四五万年前?"

"对!当时的人们还没有发明语言和文字,更没有数字的概念,只能使用非文字的语言交流。他们用眼神、声音或者肢体语言交流,如果是跨越时间地点的传递信息,只能靠岩画来记录,包括狩猎场景、生活境况和神话传说等。"

几个人来到闻名世界的诺尔朗吉岩岩画集中地,这里的岩石陡峭而且突出,传说每年1~3月的暴雨季节,都会有大量的当地居民在此

避难。多多走到一幅岩画处，似乎被钉住了，眼睛一动不动地盯着壁上嶙峋的岩石，上面画了一个用鱼叉捕鱼的农夫。只见画中线条粗犷，渔夫虎背熊腰，面目表情凶神恶煞，似乎用尽了力气要叉住鱼儿。而那鱼儿奄奄一息，似乎还在拼死挣扎，……多多和米娜瞪大了双眼，仿佛不相信这鬼斧神工之作，竟然已经有几万年的历史。

随后，几个人又参观了诺尔朗吉岩的梦幻时期、安班刚画廊的闪电人画和乌比尔岩石的彩虹蛇画。米娜抱着相机，不停地给原住民祖先凿出的岩缝拍照。这种让人叹为观止的艺术他们无法带走，只能凭借影像将这时光永远雕刻。

第11章
李治菲特公园

三个人依依不舍地离开卡卡杜国家公园后,又返回达尔文市。看着两个孩子一副意犹未尽的神情,路易斯大叔决定带着他们再到李治菲特国家公园游玩一番。

车子路过一片过火森林,远处还有缕缕青烟,一惊一乍的多多还以为着火了。可车上其余的人却熟视无睹。

路易斯大叔不紧不慢地回答多多的疑问,他说:"纵火者不一定都是人类,持续温暖的阳光照射加上白蚁啃噬后的林木,热量蓄积到一定的程度就会自燃,并将周边林

木点燃。"

"哦，自燃。人都不管吗？烧毁了森林怎么办？"

"即使没有自燃，放火烧荒也是原住民上万年来形成的习惯。烧掉丛林里蓄积的能量，才能避免产生毁灭性的大火。这些树木已经习惯一年一度火的烧烤，野火一过又是一片枝繁叶茂。"

下车后，米娜和多多很快发现了一个个墓碑样、形态怪异的土丘。正疑惑间，路易斯大叔告诉他们，这是白蚁的巢穴。

"白蚁？"

"对。数百万的白蚁大军沿着南北轴线建造了这些巢穴，以防止

巢穴内部受到阳光的曝晒。"两个孩子仔细观察，发现这些蚁巢确实坚固异常。多多拿着一根小树枝捣了几下都没有坍塌。他不舍得太用力，心里佩服这小小的生物竟然有如此毅力，说："怪不得说'千里之堤毁于蚁穴'呢。"

三个人继续前行，发现随处可见这种白蚁墩，蚁墩大多2米高，最高的超过6米，从附近的木板步行道上观察这些设计聪明的巢穴更是别有意趣。他们正感叹着，忽然听到前面传来震耳欲聋的水流声，兴奋的多多抢先一步跑了过去，只见一个银河般的白色瀑布幕帘出现在眼前。水流从山崖上喷涌而下，流过藤林沟壑，泛起无数白色泡沫，看上去如梦如幻。

一个接一个出现的瀑布，或是飞流直下，

或是蜿蜒曲折。瀑布底下是深达数米的水潭，四周是高高的树，水质清澈，浅处看得到水下的石头，还有小鱼在水底慢慢游动。

"咦？路易斯大叔，这儿怎么这么多瀑布啊？看得我眼花缭乱。"多多问。

"呵呵，那你可出现了错觉。这李治菲特公园啊，只有四条瀑布。"

"四条？路易斯大叔，别开玩笑了，只这一小会儿我们就看见十条左右了。"

"对啊。"米娜也加入进来，"没有十条也得有七八条了吧。"

"呵呵。你们都错了。李治菲特最多的是溪涧，因为这是地下泉水喷涌形成的。而瀑布却只有四条，只是这瀑布较宽，断断续续，藕断丝连，看一条觉得新奇，两条便觉得正常，再多些就感觉数不过来了。你们可能是'只在此山中，云深不知处'了。"

多多晃晃脑袋，不好意思地笑了笑。他走在这野性自然的环境中，内心蠢蠢欲动，挣

扎了许久，似乎要忍不住了。

路易斯大叔早将多多的反应看在眼底，故意又等了一会儿才道："孩子们，这水这么清，你们想不想进去玩玩？"

"可以吗？"多多不敢相信路易斯大叔这次这么主动，急忙确定了一遍。

"当然可以。我们一起吧！"

话音刚落，等不及的多多就立即脱去上衣，走到一湾及膝的水潭旁，"哗"的一声跳入水中，溅起1米多高的水浪，在阳光下折射出七彩光线，直晃人眼睛。

路易斯大叔和米娜也跳入水中，两个孩子嬉戏起来，你推我攘，互相泼水，一时间竟忘了身在何处。

第12章

与鳄鱼共舞

达尔文市并不是很发达的城市，但却有别样的风彩。在这座热带城市中，最具代表色彩的便是随处可见的椰子树。这里空气清新，湿度适宜，再加上线条钢韧醒目的白色大厦和清凉的热带建筑风格，让人有种愉悦舒服之感。

多多和米娜对这里不太熟悉，当然不敢四处乱逛，只能待在酒店里。路易斯大叔不在，两个人也没有什么兴致。正无聊间，却见路易斯大

叔从外面走进来,边走边喊他们出发。

几个人经过滨水区,不由眼前一亮。道旁的会展中心就像珍珠一样,与碧波荡漾的波浪池相得益彰。

米娜和多多紧跟着路易斯大叔前行,来到一处建筑前,只见外墙上挂着一幅约3米长的壁画,画上一只凶恶的猛兽张着血盆大口。两个人定睛一看,是一只就像要跳出画面、惊恐可怖的大鳄鱼。

路易斯大叔问:"多多,你怕不怕?"

多多一脸不屑，回道："路易斯大叔，你该问问米娜怕不怕才对。"

米娜脸颊红红的，却挺起胸膛，抬高下巴，说："哼！有什么好怕的？"

路易斯大叔赞赏地看着米娜，提高声音铿锵有力地说道："冒险王们，你们准备好了吗？"

两个人并足立正，朗声答道："时刻准备着。"

不再多言，三个人直奔鳄鱼湾，做足了功课便前往钓鳄区，见主持人正招揽参加者，他们二话不说便去报名。

"大家要小心，绝对不可以把身体任何部分伸出玻璃圈外啊！"工作人员对现场游客做最后叮嘱，气氛顿时紧张起来。多多和米娜也感觉有一种未知的恐惧包围着自己。人最怕的不是可怕的事物，而是根本不知道这事物会以怎样的方式来临。

走出钓台，只见无数小鳄鱼正游来游去，将他们重重围住。这些鳄鱼看来并没那么恐怖，因为只有1米多长，它们在水底轻松地游弋着。多多看旁边有些钓具，便试着放上鱼饵，将鱼钩甩进水里。只是刹那之间，那浮在水面虎视眈眈已久的小鳄鱼猛地一跳，"嗖"的一声，鱼饵已经无影无踪，

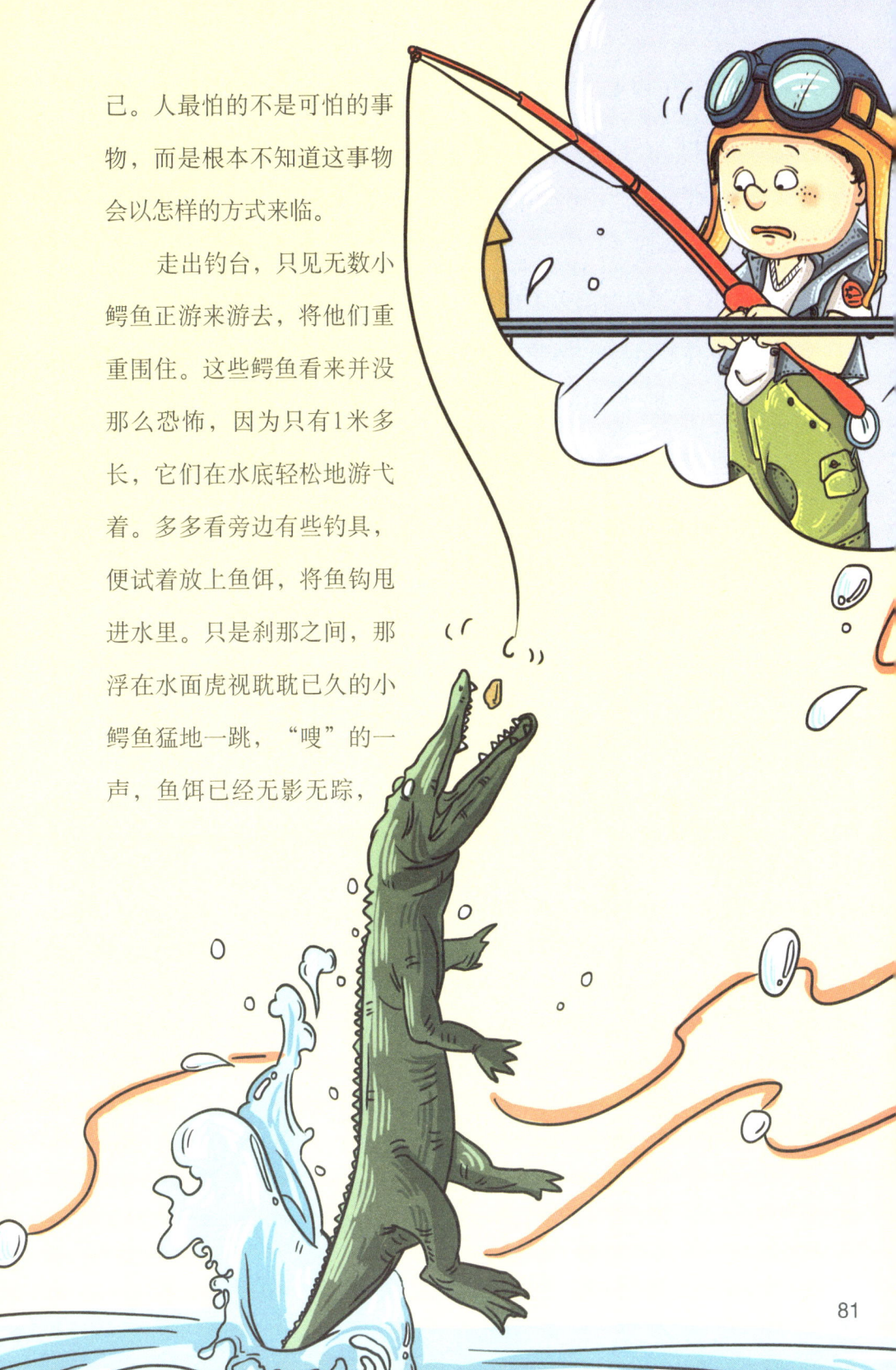

带出的水珠跑上岸来,溅了一地。多多愣在那里,半天才反应过来,脸上已经煞白一片。不过看着周围人都看着自己,眼神里露出明显的钦佩,他急忙轻咳一声,顿时觉得自己高大无比。米娜见他喂得如此简单,也学着弄起来。

路易斯大叔看时间差不多了,便说:"如果你们觉得这不够刺激,大可以体验与鳄鱼共舞的'死亡之笼'。"

"死亡之笼?"两人异口同声道。

半个小时后,三个人终于体验了一次"死亡之笼"是什么感觉。

此刻,多多身处水下不到1米的玻璃笼子里,身上只剩一条短裤,左边是路易斯大叔,右边是米娜,三人挤在一个透明狭小的笼子

里被扔入水里，笼底还挂上了几块大肉。他正觉不适间，忽然听见米娜"啊"的一声尖叫，忙转头向旁边看去。

只见一只凶猛的咸水鳄带着十足的杀气冲着米娜迎面而来，张开大口咬了过来……

米娜吓得双手捂住眼睛，尖叫连连，身子也猛地退到路易斯大叔身后。她眼睛闭了一会儿，却没有等到想象中可怕的场景，手指张开小缝儿一看，只见那鳄鱼正咬了笼底的肉块，津津有味地咀嚼着。

路易斯大叔双手护着米娜柔声安慰，正准备跟她解释，却又听见旁边的多多也尖叫起来，转身看到多多的身体不停地哆嗦着，他只好蹲下身护住他们两个："别怕，这笼子是用撞击材料特制的，它们碰

不到咱们。"

多多和米娜不知道，笼外的咸水鳄是世界上现存最大的爬行动物，能生吞马匹、水牛。纵然路易斯大叔见多识广，心里也不免感叹，真是不敢想象，一旦它们冲破这笼子，该是何等的恐怖血腥。

他整整心神，对两个孩子说："这就是我们今天要体验的'死亡之笼'了。不过不用怕，这只是公园为了迎合一些爱冒险的游客而特地设置的一个游戏。他们将游客们关进笼子，然后把笼子投入水里，和鳄鱼呆上几分钟。冒险很简单，不过看你们这么怕，相信这里的工作人员肯定觉得很有成就感了。"

"哦。"多多和米娜听得仔细，原来这东西安全系数很高啊。他们鳄口脱险，胆子渐渐大了些，也试着扶着玻璃模仿起鳄鱼的恐怖模样。那些鳄鱼兴奋地游过来，或与他们"大眼瞪小眼"，

或用身体摩擦笼子，或全力发动进攻。

虽然隔着4厘米厚、2.7米高的"死亡之笼"，但笼体上几道深深的鳄鱼牙痕还是让人心惊胆寒。三个人不敢停留太久，急忙上岸。与他们一同上岸的一位黑人游客说："我曾经潜水看过鲨鱼等大型动物，但从未与凶猛的鳄鱼如此接近，近距离观看这么大的咸水鳄还是第一次。"

三个人还在主题公园看到一只"明星大鳄"。它体长约5.5米，体重800千克，在《鳄鱼邓迪》中曾出演"鳄鱼一号"，与主人公进行过一次恶斗，据说还有不少人慕名而来，只为看它一眼呢。

第13章
最美的星空

几个人来到帝王谷底,看到了一处深潭。虽然水是黑色的,但是在这片荒芜的干涸之地,有这样一处水源已经是万分不易了,这就是伊甸园花园。路易斯带着多多脱掉衣服,跳进了水潭里游泳。多多这才知道为什么来时大叔要让他穿上游泳衣。不过上了岸后没有地方换衣服,只能连着湿透的泳衣穿在衣服里面,等到晚上再换下来。

这时候，在岸上等待的米娜觉得身上有些凉意，突然又有几滴水珠落在胳膊上。她抬头看天，惊讶道："呀！下雨了！"

正说着，雨势开始加快，越下越大，不过大家全然不顾，无遮无挡地继续前行，爬山拍照。多多也学着路易斯大叔的样子，用手护着相机边走边拍，还没等他们走下山，雨又停了。

一场雨过后，游客们顿时感觉凉快了许多。另外，本来有些粗犷的景色也变得湿润灵动起来，本来四处干燥的红色岩石，都沾了水汽，更有光泽。太阳躲了起来，天空乌云密布，帝王谷显得更是荒芜苍茫。

傍晚时分，路易斯让多多和米娜去拣些树枝和柴火，说是晚上搞个小型的篝火晚会。两个人一听赶紧下车，跑到草丛里去拣柴火。

多多跑到一个浅沟，试图搬一根枯死的大树枝，他小脸憋得通红，手都划破了，却毫不在意，硬是将那树枝搬出浅沟。忽然听见"刺啦"一声，他抬头一看，原来是米娜的衣服被弄破了，他见米娜没有吭声，也就装作没有看见。他们把树枝装到小拖车上，继续向营地出发。

到了营地之后，两个初次在野外露营的孩子才知道，相比以前学校组织的夏令营，这里的营地才是真正的荒野。除了一个火塘外，没有一点辅助设施，所以，今晚注定是没法子洗澡了，连洗脸水都没有。

路易斯大叔从车上拿出帐篷与包袱，走向一片空草地。多多与米娜两张小脸红扑扑的，两个人交换着兴奋的眼神，跑上前去帮忙，因为他们要在这里扎营露宿啦！

三个人合力架起帐篷，多多毛手毛脚，好几次都把帐篷弄歪了，逗得米娜哈哈大笑。路易斯大叔穿好杆，米娜和多多摊开帐篷，对角穿好杆，路易斯大叔把帐篷拉起来，穿到四个角的孔，一个漂亮又实用的帐篷就架好了！

米娜掏出包里的相机，对着帐篷就是咔嚓一下，说："第一次在澳大利亚露营，拍下来当个纪念！"

这时候天已经黑了，四周全是荒原，没有一丝的灯光。

"哇！好美的星空啊！"米娜突然大喊。她头仰着看天，眼神格外专注。

多多和路易斯大叔也抬头望去，都看到了他们此生中见过的最美的星空。整个星河不是云雾状，而是由一颗颗清晰可见的小星星组成，无边无际，很多星座的形状非常醒目，能清楚地辨认出来。睡在地上，头顶上方就像一个天文馆，他们好像在看一场繁华璀璨的星空电影。

"早就听说北领地的天空透澈，但没想到会有这么美的星空。"路易斯大叔感叹道。

三个人都看呆了，连相机都忘了拿，可叹这般美好的景色没有被记录下来。

星空电影院

星空电影院并不是简单地在晚上看着星空，而是放映户外电影。这是达尔文市当地的一项传统社交活动，开始于1920年。此活动从每年的4月一直延续到11月，人们在海港的椰树下三五成群，互相躺着坐着依偎着，吹着徐徐的海风，在满天繁星下感受影像的经典。影院方在播放影片的同时，还会出售各种家常小吃，以及各种饮料和冰激凌等。

第14章

大堡礁潜水

昆士兰位于澳大利亚东海岸，气候温暖，有"阳光之都"的美誉，也是澳大利亚著名的度假胜地。路易斯大叔一行三人此行的目的地——大堡礁，就位于澳大利亚东海岸的昆士兰州。

他们三人从班德堡镇出发，这里是通往大堡礁国家公园的南大

门，游客们可以乘船从伯内特角港口前往玛斯库莱布夫人岛，或乘飞机飞往埃里奥特夫人岛，就近去游览大堡礁。

游船准时从班德堡码头驶出。多多望着远方，湛蓝的海洋，美如仙境的小岛以及水清沙幼的海滩，美丽的自然风景让他十分陶醉。而米娜则对着这些美景不停地拍照。

刚开始两个孩子感觉都很好。阵阵暖风吹来，米娜感觉格外地安逸，可是半小时后，游船进入南太平洋，船开始随着海浪的节拍晃悠，米娜恍恍惚惚觉得有些晕船。

路易斯大叔见米娜有些受不住了，便想办法分散她的注意力，好让她舒服些。他带着米娜去甲板上吹风，和她聊起天来。

"米娜，你知道吗？"他指着清澈的海水说，"大堡礁是可以潜

水的，只要潜下水里，就能看见一片片像鹿角群或者树枝杈那样重叠交错的珊瑚林。"

"珊瑚林？珊瑚组成的林子吗？"

"不错，像树林一样。我们以前见过的珊瑚大多数都是灰色的，但是这里更多的是我们没见过的颜色，像紫色、红色、黄色之类；如果游得深了，还可以亲手触摸到它们。有的坚硬，有的微软，形态各异，非常生动奇特。"路易斯大叔声音低沉，被暖暖的海风一吹，显得无限温柔，"在宁静的海底世界里，细细观看数不完的鱼儿和珊瑚，绝对是一件赏心悦目的事。"

米娜听得认真，早就忽略了身体的不适。她还恳求着路易斯大叔带她去潜水，想要亲自体验其中的乐趣。

所幸他们搭乘的是专业的导游船，观光设备一应俱全，包括专业的潜水服，还有专业人员为他们进行快速的潜海训练。三个人戴上潜水镜，纵身入水，在水面上跟安全巡逻员做了一切正常的手势之后，就开始了潜水。

多多和米娜本来认为，海底的大多数动物，他们一定都不认识。没想到，有很多熟悉的老朋友都在瞪着大眼睛好奇地望着他们。幸亏海底没有办法说话，否则多多这会儿肯定手舞足蹈地向路易斯大叔炫耀说："幸亏我看过《海底总动员》，这些动物我基本上都认识。"

有面包一样软软的澳大利亚大海参，有躲在洞里睡觉的长须狮子鱼，有从未见过的超级大海蚌，最不可思议的是，还有一黑一白的两

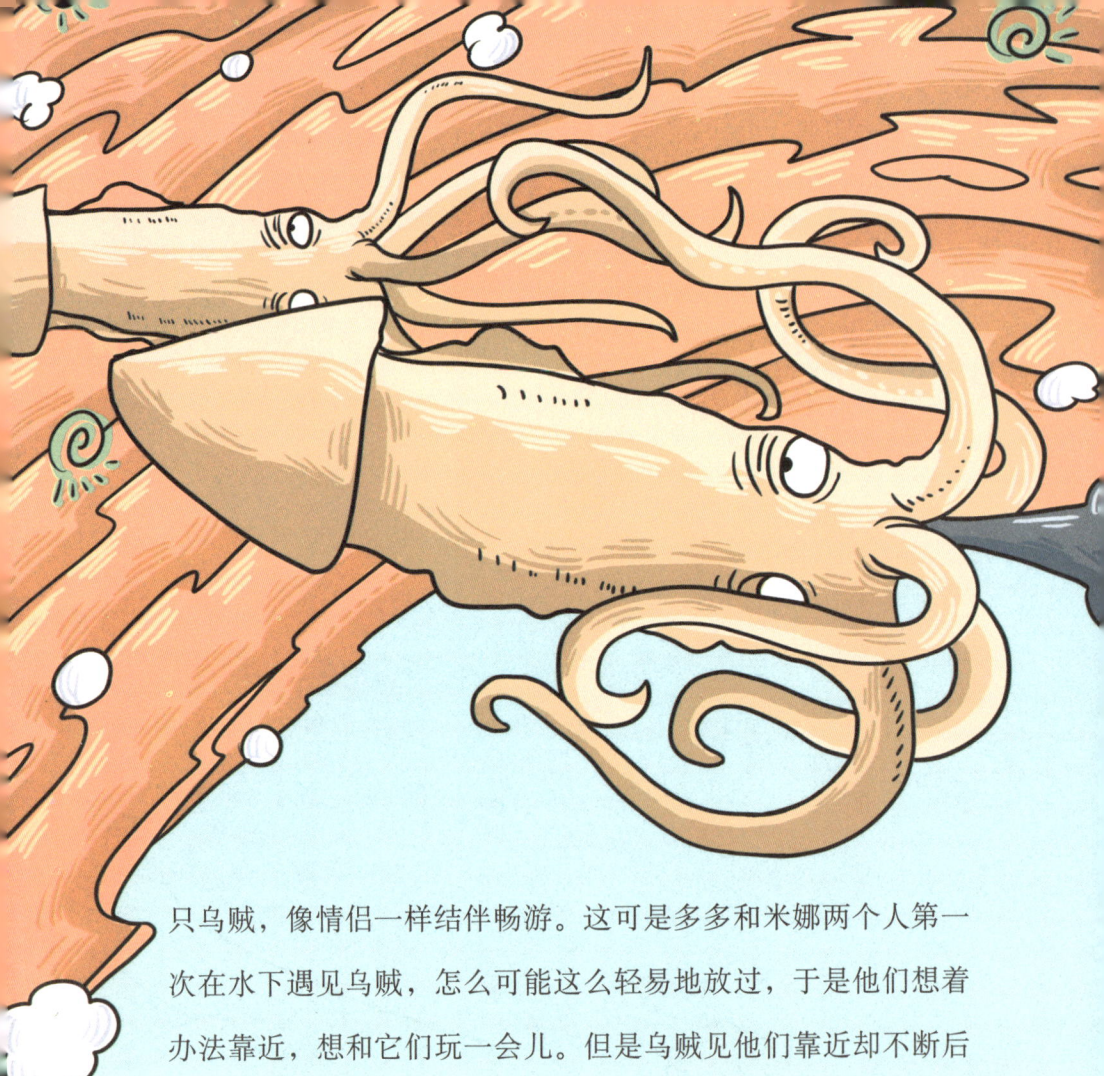

只乌贼，像情侣一样结伴畅游。这可是多多和米娜两个人第一次在水下遇见乌贼，怎么可能这么轻易地放过，于是他们想着办法靠近，想和它们玩一会儿。但是乌贼见他们靠近却不断后退，边退边盯着多多他们，根本没有看到身后，结果被其他准备游开的鱼的尾巴狠狠地扫了一下。只听"轰"的一声，一团一米见方的黑墨喷射了出来，两个家伙"嗖"地一声，以迅雷不及掩耳之势消失了，留下完全看傻了眼的多多和米娜。

两个人面面相觑，都不由自主地想到，下次再追乌贼，得要十分小心了……

在浅滩处游了一会儿，多多便向底层潜去，不多时又献宝一样游了上来,让路易斯大叔和米娜一起随着他去看。两个人答应了,也向深处游去,只见五彩斑斓的珊瑚礁海底世界突然像变魔术一样,透过温暖清澈的海水呈现在他们眼前,千姿百态,五彩缤纷,有紫色的、红色的、绿色的、棕色的、粉色的,异常美丽。

这些珊瑚有的随着波浪摆动着粉色的触手,两只触手紧贴在一起,好像在和他们打招呼;有的像树枝一样,牢牢嵌入岩石的缝隙;还有的是由一条条从水底一直往上长的小棍形成的,好像掉光了叶子的灌木丛。它们大多数都平铺在岩石上,五颜六色的,在水里格外醒目,黄色的还点缀着几粒黑点,好像金钱豹的皮肤……

一返回船上,多多就忍不住将他在水底憋了许久的一个个问题

都抛给路易斯大叔。路易斯大叔甩甩头发，换上了衣服，便开始整理几个人的潜水用具。多多紧跟在路易斯大叔的身后，问道："路易斯大叔，为什么同一种植物会有这么多颜色呢？"

路易斯大叔停下手中的动作，笑道："你错了，珊瑚并不是植物，而是动物。"

"动物？"这下连米娜也被吸引过来。

"嗯，这么美的珊瑚，其实并不是独生的生物，而是源于一种虫子。"

"虫子？"两个人越听越不明白，"可是水里没有什么虫子

啊？鱼啊虾啊的倒是不少。"

"这种虫子叫作珊瑚虫，它们是生活在海底的低等动物，喜欢在水流快、温度高的暖海地区生活。刚才我们见到的珊瑚，就是它们的分泌物，构成珊瑚虫身体的支撑结构，相当于我们人类的'骨骼'。珊瑚虫尸体腐烂以后，它们的子孙们一代一代地在它们祖先的'骨骼'上面繁殖后代，就形成了各种各样的珊瑚。"

"那它们为什么会有这么多不同的颜色呢？"

"这个我也不是很清楚，可能是因为吸附了海水中不同的矿物质吧。"

多多越听越觉得可惜，用手支着下巴，感叹道："虽然珊瑚虫属于低等生物，但其骨骼却比人类的骨骼美很多。看来，大自然真的

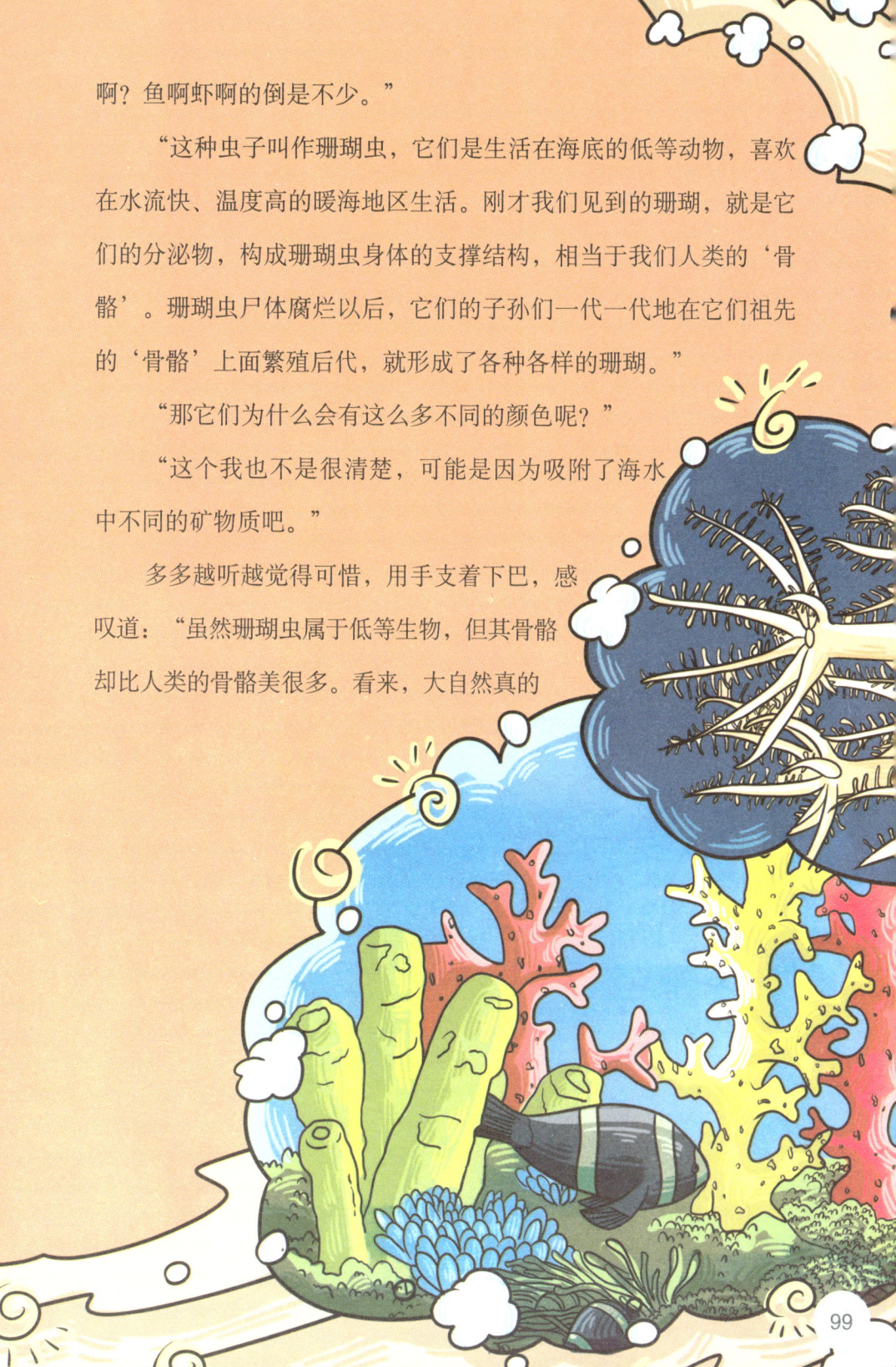

是很神奇。它关上一扇门的时候，也会为你打开一扇窗户。"

路易斯大叔见多多稚嫩的脸上显出成熟的模样，说的话倒还有些哲理，但又有些让人哭笑不得。他继续说道："不过你们可不要以为它们只是表面上光鲜亮丽，其实它们的用处可多呢。一般的珊瑚只要洗净晾干，研成细粉，都可以用来除翳明目、安神镇惊，甚至有的还能治疗皮肤病、心肺病，有很高的药用价值呢！"

"哇，没想到它们不仅长得好看，还很实用啊！"

"那当然，除此之外，珊瑚还可以做成各种装饰品，罗马人称它们为'红色黄金'，而在西方人眼中，它和珍珠、琥珀一样都是有机宝石呢。"

大堡礁的形成

　　大堡礁是世界上最长最大的珊瑚礁群，其形成过程其实非常简单。无数的小珊瑚虫不停地分泌它们体内的碳酸钙，在水中形成坚固的管状物，这些小管积少成多，成为珊瑚的重要组成部分。即使珊瑚虫逐渐老去，它们的遗骸也会留下，然后新的珊瑚虫继续生长，像搭积木一样，一层层向高处和两旁扩展。如此长年累月，珊瑚虫所分泌出来的石灰质骨骼，与海洋中的贝壳、藻类等生物的残骸胶结在一起，就堆积成了一个个美丽的珊瑚礁体。

第15章
风儿吹就的波浪岩

此起彼伏的汽车鸣笛声，车窗外不时闪过的树木，以及车厢内悄无声息的气氛，都在提醒着多多，距离他们此行的目的地还有相当长的距离。

不过他的心里还是痒痒的，每次要去新的地方，见新的事物，尝试新的冒险，他就会有这种感觉，恨不得用手伸进身体里面去挠上几下，更恨不得立即飞到那里。

今天，路易斯大叔要带着他们去看波浪岩。

由于波浪岩不在旅游带上，不管从哪里出发都是漫长而无趣的一段路程，但是无论多么辛苦，多多还是觉得很值得。

几个小时后，三个人终于到达了目的地。车子还没停下，多多和米娜就瞪大了双眼，似乎不敢相信眼前的景致。他们本来是晕晕乎乎的，下车后看到那铺天盖地而来的波浪般的岩石，人一下子就醒了。这时，波浪岩的导游朝他们走来，他有着黑黑的肤色，穿着合身整齐的衣服，脸颊上用当地的颜料画上了图案，眼神非常严峻。

"哇，路易斯大叔，这里好像我们在黄金海岸冲浪时看到的波浪啊！"米娜高喊道。

"对。就是由于它像高高的海浪，所以被称作波浪岩，又叫石上冲浪岩，是全世界最温柔的岩石，是澳大利亚十大奇景之一呢。"

据导游介绍，这里的波浪岩是由花岗岩构成的，花岗岩经过数亿年的风化作用，渐渐形成凹凸不平的沟壑，加上日积月累风雨的冲刷，以及早晚剧烈的温差，渐渐地形成了波浪的形状。

"这整个侵蚀进化的过程十分漫长，但是现在呈现在我们眼前的景观却如此的壮观，大自然的力量真是无比巨大！"路易斯大叔感叹道。

导游继续介绍波浪岩的具体形成过程，因为过程极其复杂，又涉及化学变化，多多和米娜已没有兴趣再听。导游见他们没有兴趣，便又介绍起它的历史。原来，长久以来，波浪岩一直被埋没在西澳大利亚中部的沙漠里，直到1963年，一位名为Joy Hodges的摄影师在一次旅行中，拍摄了波浪岩的画面，并在美国纽约的国际摄影比赛中获

奖，之后，照片又成为美国《国家地理》杂志的封面，一时间声名大噪。从此以后，波浪岩就成为摄影师争先恐后取景的地点。捕捉波浪岩各种颜色的线条的秘诀，就是选在午后取景，因为这是一天当中，线条颜色最鲜明的时候。

　　他们跟着导游走进岩底，渐渐感觉好像冲浪运动员冲进了浪中。在走到"浪潮"中部的时候，导游停了下来，让游客们和岩石合影，同时又拿着两截短木棍，好像打快板一样，互相打击着唱了一段土著人的歌谣，唱完后又用英语翻译了一下。内容大意是：有位妈妈，她的孩子被人家抱走了，她到处寻找，一直找到波浪岩的悬崖边，筋疲力尽的她在悬崖边不停地哭泣，她的眼泪汇成了大海，

大海卷起了波浪,然后波浪又卷到天上。那些被偷走的孩子的妈妈化成了满天星星,她们的眼泪就化成了今日的波浪岩。

在波浪岩的顶上,导游向游客们演示了澳大利亚土著人是如何找到和保护他们的水源的。原来,如果在一片岩石上有一丛小草顽强地生长着,通常就意味着地下有水源,土著人通过在岩石上烧柴的办法,使岩石裂开,然后取水,取完水后,还要把石头盖回去,以免被野兽破坏。

第16章

神秘的蓝山森林

这天晚上,多多和米娜异常亢奋,不肯睡觉,缠着路易斯大叔问东问西。路易斯大叔被缠得没办法,只好耐着性子解答。之后,路易斯大叔笑着问多多和米娜:"现在该我问你们了,咱们来澳大利亚也有一段时间了,我考你们一个问题,你们觉得这澳大利亚和我们以前游玩过的地方有哪些不一样呢?"

两个小家伙都愣了一下,然后多多快速地反应过来,举着手

大声说道："地方大、人少、蚊子少、很好玩。"

路易斯大叔又把目光转移到了米娜的身上。看着路易斯大叔鼓励的目光，米娜轻声说道："我觉得，这儿的动物很多，而且……而且和我们以前见过的很不一样。"

路易斯大叔高兴地说："你们两个说得都对，澳大利亚的动物的确和其他大洲上的

动物都不一样,你们知道为什么吗?"

看到多多和米娜都摇了摇头,路易斯大叔解释道:"因为澳大利亚大陆长期和其他大陆分离,生物之间缺乏交流,而且自然条件单一,没有大型肉食动物的侵扰,所以这儿的动物都比其他大陆上的动物更原始,和我们以前见过的都不一样。你们想不想看看澳大利亚众多的原始动植物和原住民啊?"

"想!"多多和米娜眼睛闪烁着灼灼渴望的光,异口同声地喊道。路易斯大叔却故意把脸沉下来:"那就赶紧睡觉,明早早点起来,我带你们去蓝山森林公园去看看。"

天刚蒙蒙亮的时候,三个人乘着越野车出发了。在车上,路易斯大叔为米娜和多多讲解了蓝山森林公园的现状。它不同于澳大利亚的其他公园,地理位置十分特殊,位于海拔

1000~1300米之间的高原丘陵上，那里有着大面积的原始丛林，其中尤以尤加利树最为珍贵。另外最具特色的是，它虽是原始森林公园，却有着近8万常住居民，真正实现了自然和社会的和谐共赢。

不多时他们就到了蓝山森林。山中树木郁郁葱葱，树影斑驳，阳光从树木之间的空隙之间泄下来，一阵风吹过，阳光疏影都摇晃起来。

多多和米娜两个人立刻跑开了，在林中又跑又跳，眨眼间两个人就不见了踪影。路易斯大叔怕他们走丢，连忙喊道：“你们小心点，不要跑远了。”

远远地听到米娜的声音传来：“路易斯大叔，快来看啊，这棵树好高啊。”路易斯大叔走过去，

仰头望了望那棵如尖塔般直耸入云的树，不由自主地叹道："你们俩可真是找到好东西了，这棵尤加利树至少有120米高，不愧它'世界上最高的树'的称号。这种尤加利树是澳大利亚的国树，有600种之多，而且是澳大利亚考拉唯一的食物。"

"啊？那要是尤加利树灭亡了，考拉是不是就没有吃的了？"米娜担忧地说。

路易斯大叔点了点头："是啊，所以我们更要保护好尤加利树了。"

第17章

国徽中的另一种动物——鸸鹋

吃完早饭,还没等两个孩子消化一下,路易斯大叔就掏出一枚精致的澳大利亚国徽,指着国徽上左边的动物问:"你们两个知道这是什么动物吗?"

"咳,这不是袋鼠吗"多多得意洋洋地说。

"是啊,我们来澳大利亚时,在动物园和袋鼠园都见过多次了,肯定认识呀。路易斯大叔,你问这个干什么呀?"米娜不解地问。

"那你们看看右边这只动物呢?认识吗?"

"我知道,"米娜举起小手,一本正经地说,"这是鸸鹋,是澳大利亚另外一种很重要的动物。"

"不错,那你们想不想去看看鸸鹋啊?"

"非常想!"

很快,路易斯大叔带着米娜和多多来到了野生动物园的鸸鹋放

养区,这里到处都可以看到大摇大摆行走着的悠闲的鸸鹋。它们外表酷似鸵鸟,不过体积稍小,体重约数十千克。有的鸸鹋伸出长长的脖子,张开大嘴,仿佛要啄食似的;还有一些大摇大摆地在路中央漫步,仿佛在炫耀什么。米娜从包里拿出一块面包,掰下一小半来,喂给旁边的一只鸸鹋,结果整个面包都贡献给了这些贪吃的家伙。

他们跟随一支旅游的队伍往前走,边走边有导游给大家介绍,路易斯大叔和米娜认真地听着,而多多却把心思都放在鸸鹋身上,还跟着鸸鹋学走路。

"路易斯大叔,你有没有发现,具有澳大利亚象征的动物好多啊!"米娜掰着手指一边数一边说,"有袋鼠、考拉、琴鸟、笑鸟,现在又加了一个鸸鹋,我都快分不清了!"

"呵呵,谁让澳大利亚是动物的天堂呢!"路易斯大叔笑着说道。

"那为什么国徽上只有袋鼠和鸸鹋,而不把考拉和琴鸟等都弄上去呢?"

"这些动物在澳大利亚都很稀有,可以说都是国宝级的动物。但是袋鼠与鸸鹋之所以能够登上国徽,成为国家的象征,是因为它们的腿。"

"腿?"

"嗯。袋鼠与鸸鹋的腿部结构注定了它们只能前进无法后退,而这正是澳大利亚人的品质与精神。澳大利亚有曲折的历史,

也曾在战乱中举步维艰。但创业的艰辛与历史的坎坷并没有把这片土地束缚。正如澳宝因淬炼而愈加耀眼，悉尼歌剧院因质疑而更加传奇，曾有的艰难更令这片土地上的居民充满了坚定与勇气。摸索是艰难的，历史是泥泞的，但只要是坚强的双腿，就注定不会后退。"

"哇，原来袋鼠这么勇敢啊！真是没想到啊！"米娜瞬间觉得袋鼠和鸸鹋的形象无比高大起来。

导游见路易斯大叔懂得不少，不由得佩服他学识渊博。

路易斯大叔继续说道："其实鸸鹋易于饲养，已经被广泛地引入其他国家，在许多国家的动物园中都能见到。"

"那它们都吃什么呢？"多多问。

"它们是以野草、种子、果实等植物,以及昆虫、蜥蜴等小动物为食。它能游泳,可以从容游过宽阔湍急的河流。鸸鹋很友善,若不激怒它,它从不啄人。"

听到这里,米娜好奇地问路易斯大叔:"路易斯大叔,那我们可以和鸸鹋做朋友吗?"

"当然可以。鸸鹋性情温和,对人也很友好。它们对食物也不讲究,主要以草类为食。它们在野生动物保护区里,还能经常改善伙食,吃到游人喂它的面包、香肠和饼干。你看,刚才你喂面包给它们吃,它们不是还抢着吃吗?有时候啊,一些汽车在公路边停下来,鸸鹋还会抢着把头伸进车窗呢!这样一来是对人表示亲近,二来是希望游人能给点好东西吃呢。鸸鹋,非常聪明啊!"

第18章
那些地方迟早会去的

今天,米娜与多多在一起清理这些天所照的照片。转眼间,他们来澳大利亚已经快一个月了。这些日子,他们走遍了澳大利亚,探访了所有想去的地方,去过悉尼,去过堪培拉,去过北领地,去过卡卡杜,在每个地方都留下了足迹。时光飞逝,照片堆积起来已如小山一般。

"多多,你看这张,这张是在动物园照的。哈哈,看你,还没人家袋鼠长得高呢!"米娜指着一张照片,照片里的多多做出一副鬼脸,还想吓唬一旁的袋鼠呢!

"哼,还说我呢!你看你这张,你和剪羊毛的大哥站在一块,身上都是羊毛,你都成小羊啦!"多多一脸幸灾乐祸。

"我看我看,"米娜急切地说,"哈哈,我真成小羊了!挺可爱的嘛!我是一只小羊羔,哈哈!"

多多看着笑得前仰后合的米娜,一脸无语。

"看看这个吧,悉尼歌剧院。"多多指着在悉尼歌剧院拍的照片,照片上的茶花女一脸忧郁,连眉间都藏着心事。

"唉,可怜的玛格丽特!可怜的阿

尔芒！"米娜又沉浸在歌剧中了。

多多连连摇头："真不该给你看这张！"

"好吧，这张总该能把你拉回来了吧，卡卡杜的岩壁画，现在看还是像真的一样，真佩服古代人！"

"那是当然！"米娜说，"等回去后，我还要去莫高窟看看，这些岩壁画就找到'姐妹'啦！"

两个人一张张照片整理过来，仿佛又随着照片去了北领地，去了大堡礁，去了珊瑚世界……这些照片仿佛带着两人又将澳大利亚游历了一遍。

这时，刚接完电话的路易斯大叔推门进来，

120

手里拿着澳大利亚的地图,他看到两个孩子在摆弄照片,不禁微微一笑。是啊,时间过得真快,转眼一个月就快过去了,是该回去了。

多多听到响声,转眼看到路易斯大叔,赶紧说道:"路易斯大叔,你看,我们照了好多照片呢!"

"是啊,我们都去过那么多地方了,也该回去了。"

"回去?可是还有好多地方没去呢!"多多急着问。

"是啊,"米娜也凑过头来,"路易斯大叔,你不是说澳大利亚还有沙漠吗?还有盆地吗?我们还有琴鸟没看呢。"

"不错,我们还有很多地方没有去过。但是,你们不是要开学了吗?要利用剩下的这段假期好好准备一下。而且你们的爸爸妈妈早就想你们了,你们是不是该回家看看了?"

"那么,那些没去的地方怎么办呢?"多多还有一丝不甘心。

"等我们回去休息休息,以后有机会了,整装再来。到时候还可以邀请爸爸妈妈一块儿来,这样好不好?"

"嗯,"多多把手放在下巴上,仔细思索了一阵,"那好吧,到时候带妈妈去看袋鼠,坐热气球……"

米娜和路易斯大叔看着多多手舞足蹈的样子,都笑了起来。

回程的飞机上,米娜看着窗外的云海,心潮澎湃。来时带着一份好奇,返程带着一份怀念,还有一丝不舍,一个还要再来的愿望。透过云海,她仿佛看到很多小袋鼠蹦蹦跳跳地来欢迎他们,仿佛看见奥运会上升起的澳大利亚国旗,她默默地在心底说:再见,可爱的澳大利亚,我还会回来的,那些地方也迟早要去的。